História & Imagens

HISTÓRIA &... REFLEXÕES

Eduardo França Paiva

História & Imagens

2ª edição
2ª reimpressão

autêntica

Copyright © 2002 Eduardo França Paiva
Copyright © 2002 Autêntica Editora

Coordenadores da coleção
Eduardo França Paiva
Carla Maria Junho Anastasia

Projeto gráfico da capa
Jairo Alvarenga Fonseca
(Sobre foto do Portinari)

Diagramação
Waldênia Alvarenga Santos Ataíde

Revisão
Cilene De Santis

        Paiva, Eduardo França

P149h   História & imagens / Eduardo França Paiva – 2. ed.;
        2. reimp. – Belo Horizonte: Autêntica Editora, 2015.

        120p. (Coleção História &... Reflexões, 1)

        ISBN 978-85-7526-051-7

        1.Historiografia. I. Título. II. Série

                                      CDU 930.1
                                      82(091)

Catalogação da Fonte: Biblioteca da FaE/UFMG

GRUPO AUTÊNTICA

Belo Horizonte
Rua Aimorés, 981, 8º andar . Funcionários
30140-071 . Belo Horizonte . MG
Tel.: (55 31) 3214 5700

Televendas: 0800 283 13 22
www.grupoautentica.com.br

São Paulo
Av. Paulista, 2.073, Conjunto Nacional,
Horsa I . 23º andar, Conj. 2301 . Cerqueira
César . 01311-940 . São Paulo . SP
Tel.: (55 11) 3034 4468

*A Ilma, minha mãe, responsável
por imagens importantes em minha vida.*

AGRADECIMENTOS

Há alguns anos me vi absolutamente fascinado pelas imagens na História, por sua construção, por seu uso, por seu poder de convencimento e pelas possibilidades de sua exploração pelos historiadores. Acalentei a ideia de escrever esse livro durante anos, consciente de ser tema novo e, portanto, instigante e perigoso ao mesmo tempo, não apenas na historiografia brasileira, mas na historiografia internacional. Amadureci o projeto, lamentando não tê-lo empreendido antes, sobretudo quando via em congressos, cursos e palestras o clamor generalizado pelo estudo das imagens, pela análise a partir das imagens e por livros que ajudassem historiadores e professores de História nessa tarefa premente e nova. Assim, não apenas nasceu esse livro, como, também, a *Coleção História &... Reflexões*. Em um e outro caso a preocupação é de oferecer ao leitor instrumentos que o guiem introdutoriamente nos temas lacunares da História, principalmente nos teórico-conceituais e nos metodológicos. O livro está pronto e a Coleção iniciada. Para que isso tenha sido possível muitas pessoas contribuíram decisivamente. Quero nomeá-las aqui, tornando pública minha gratidão. Inicio minha lista por Rejane Dias, editora da Coleção que acreditou na minha proposta e aceitou bancar esse projeto. Em seguida, Carla Anastasia, que aceitou dividir comigo a responsabilidade de apresentar, de gerenciar e de fomentar a História & ... Reflexões, além de ler o meu livro e me apontar inúmeras falhas, afirmações capciosas, conceitos mal colocados, tudo, felizmente, a tempo de ser corrigido. A Eliana Dutra, que discutiu comigo e me fustigou diante de imagens no Louvre, me estimulando direta e indiretamente a acabar de escrever o livro durante uma intensa temporada parisiense, no início de 2002. A Eddy Stols, com quem compartilhei o prazer de várias sessões de observação em museus europeus, aprendendo muito em cada uma delas. A Serge Gruzinski, mestre das imagens, pela oportunidade de discutir essa temática em seus seminários na EHESS. A Thaís Fonseca pela leitura do original e pelas sugestões importantes. Aos alunos de graduação e de pós-graduação da UFMG, que têm discutido comigo esse tema, sobretudo aos de pós-graduação do primeiro semestre de 2002, que me chamaram a atenção para questões problemáticas no livro, as quais foram revistas imediatamente. As contribuições de todos estão incorporadas a esse livro, mas nunca é demais afirmar que a responsabilidade das falhas eventualmente existentes é exclusivamente minha.

SUMÁRIO

INTRODUÇÃO
Renovação na historiografia e na sala de aula...... 11

CAPÍTULO I
A iconografia na História – indagações preliminares...... 17

CAPÍTULO II
Pela glória de Deus e de sua santa Igreja...... 35

CAPÍTULO III
Cenas do Brasil – séculos XVIII, XIX e XX...... 53

O modernismo e o Brasil...... 78

CAPÍTULO IV
Armadilhas iconográficas: duas imagens sedutoras...... 91

ALGUMAS PALAVRAS COMO CONCLUSÃO...... 101

ÁLBUNS, CATÁLOGOS, DICIONÁRIOS, ICONOGRAFIA, PRANCHAS...... 105

BIBLIOGRAFIA...... 107

INTRODUÇÃO

Renovação na historiografia e na sala de aula

> ... a imagem que nós temos dos outros povos ou de nós mesmos é associada à história que nos foi contada quando nós éramos crianças.
> (FERRO, Marc. *Comment on raconte l'histoire aux enfants*. Paris: Éditions Payot, 1992, p. 7)

Nas últimas décadas a historiografia brasileira vem se renovando incessantemente. É inegável o salto qualitativo que historiadores e professores de história têm proporcionado ao quadro historiográfico nacional. A História produzida hoje é, claramente, menos esquemática e ideologizada e é, ao mesmo tempo, escrita em linguagem mais acessível, mais ousada e menos presa a convencionalismos ditos científicos. Os autores estão cada vez menos preocupados com a prova, a verdade, e os fatos à moda positivista e, também, felizmente, com a aplicação de modelos previamente elaborados sobre realidades que se recusam a enquadrar-se neles. No lugar disso, as fronteiras tornaram-se menos rígidas e privilegiamos as práticas interdisciplinares, estabelecendo diálogos com outras áreas do conhecimento, e tomando delas o empréstimo de procedimentos, conceitos e experiências. A partir daí, passamos a produzir uma História multifacetada, cada vez mais integrada às problematizações e às discussões oriundas de outras áreas das humanidades. Esses diálogos interdisciplinares, contudo, não se deram submetendo-nos a uma suposta capacidade teórica das outras áreas do conhecimento em detrimento de nossas especificidades, situação que nos acometeu durante muitos e muitos anos. Não se trata, portanto, da busca de uma base teórica não concebida por historiadores, nem direcionada à História, para sobre ela dispormos nossos achados de arquivo e tecermos nossas interpretações, como se acostumou a pensar e, também, a praticar até muito pouco tempo atrás. Diferentemente, temos desenvolvido nossos próprios métodos e conceitos a partir dessas experiências de troca e de complementariedade e já nos libertamos da camisa de força imposta por uma História dogmática, paradigmática e essencialmente teórica que vinha sendo adotada intensamente até há, pelo menos, duas ou três décadas atrás.

O avanço dos programas de pós-graduação em História das universidades brasileiras e a maior circulação de historiadores brasileiros no exterior, participando de eventos, fazendo pesquisas, publicando e discutindo de igual para igual com colegas de vários países, são aspectos fundamentais nessa recente e profícua renovação. Junto a tudo isso, claro, experiências desenvolvidas dentro e fora do país foram definitivamente incorporadas ao trabalho cotidiano do historiador e do professor de História. Sim, insisto neste ponto, pois não tenho qualquer dúvida de que um bom professor de História tem que ser também um bom historiador. Isso não significa que ele tenha que trocar a sala de aula pelo arquivo. Não é isso. O que pretendo dizer é que o professor de História de todos os níveis de ensino tem que saber lidar criticamente (efetivamente, e não no discurso viciado e vazio que apenas evoca a necessidade, sempre, do desenvolvimento de um olhar crítico, como se isso fosse por si a própria crítica) com as fontes, sejam elas as mais distintas. Ora, o livro didático e o paradidático, assim como os jornais e revistas, os filmes, os *outdoors* e as campanhas publicitárias na TV, as anedotas, a linguagem e a oralidade manifestadas dentro da própria sala de aula, os acervos de museus e, às vezes, os acervos das próprias escolas, a internet e os CD-Rom, tudo isso pode ser tomado como fonte para a História. Lidar com essa diversidade de registros, saber indagá-los e desconstruí-los, saber contextualizá-los e explorá-los para deles retirar versões ou fazer com que eles subsidiem as nossas versões, isto é, apropriarmo-nos criticamente deles e usá-los metodologicamente: esses são os procedimentos básicos do historiador e isso é o que deveria ocorrer nas salas de aula desde o ensino fundamental. E não se trata de ensinar teoria a crianças e, mais tarde, a adolescentes. Sublinhando o já dito, trata-se, sim, de desenvolver, de maneira adaptada à idade e às condições materiais e culturais existentes, suas competências, suas habilidades e a capacidade de, assim, ler criticamente não apenas a história dos livros e da escola, mas, principalmente, a história de seu tempo, a própria vida cotidiana na qual eles desempenham importante papel transformador.

É essa a História que aqui nos envolve e é a que eu acredito e pratico. Por isso, resolvi refletir sobre ela partindo de uma fonte que, a meu ver, permite a realização de profundos mergulhos no passado. Uma fonte que contribui, também, para o melhor entendimento das formas por meio das quais, no passado, as pessoas representaram sua história e sua historicidade e se apropriaram da memória cultivada individual e coletivamente. Essa fonte nos possibilita ainda, por meio de outros valores, interesses, problemas, técnicas e olhares, compreender, enfim, essas construções históricas. Refiro-me às representações iconográficas, às imagens construídas historicamente que, associadas a outros registros, informações, usos e interpretações, se transformaram, em um determinado momento, em verdadeiras certidões visuais[1] do acontecido, do passado. Essas imagens são, geralmente e não necessariamente de maneira explícita, plenas de representações do vivenciado e do visto e, também, do sentido, do imaginado, do sonhado, do projetado. São, portanto, representações que se produzem nas e sobre as variadas dimensões da vida no tempo e no espaço. Iconografia é um termo que significa a imagem registrada e a representação por meio da imagem. A origem do termo é grega. Ele deriva da palavra *eikón,* que significa imagem. Daí *eikonographía,* que se transformou em *iconographia* no latim, transformando-se em iconografia em português.

O universo iconográfico é demasiadamente extenso e envolve inúmeros tipos de imagem e grande quantidade de técnicas usadas para sua produção. Optei por trabalhar não com todo o universo das imagens, como se poderia esperar. Escolhi as pinturas, os desenhos e algumas imagens gravadas por meio de antigas técnicas ou esculpidas. Em vários momentos deste livro recorrerei, também, às imagens de memória, aquelas que trazemos conosco, em nosso cotidiano, muitas vezes sem percebermos e que nem sempre têm uma representação plástica e invariável. Por exemplo, nossas imagens de honestidade, de patriotismo, de dor, de fé, de sofrimento, de felicidade, entre tantas outras, estão associadas, quase sempre, a ideias e a representações que variam entre pessoas e grupos, assim como no tempo e no espaço. Vamos chamá-las de figurações de memória daqui em diante, lembrando que elas também integram a base de formação e de sustentação do imaginário social. Já as imagens feitas a partir de técnicas

---

[1] Ver COLI, Jorge. Primeira missa e invenção da descoberta. In: NOVAES, Adauto. (Org.). *A descoberta do homem e do mundo.* São Paulo: Companhia das Letras, 1998, p. 107-121 e COLI, Jorge. A pintura e o olhar sobre si: Victor Meirelles e a invenção de uma história visual no século XIX brasileiro. In: FREITAS, Marcos Cezar (Org.). *Historiografia brasileira em perspectiva.* São Paulo: Contexto, 1998, p. 375-404

fotográficas e imagens em movimento são objetos de reflexão de outros livros desta Coleção, o que, deve-se sublinhar, são leituras complementares, embora possam ser realizadas independentemente.

Cada capítulo deste livro foi, então, idealizado a partir dessas fontes imagéticas, ao mesmo tempo em que, no conjunto, eles evocam temas com os quais venho trabalhando nos últimos anos e que, venho percebendo, têm, como outros tantos, é verdade, forte apelo entre o público de iniciantes no assunto. Novamente, a sala de aula encontra-se interagindo. É ela, sobretudo, que me instigou a escrever sobre História e Iconografia, assim como me permitiu escolher a variada temática que será abordada em seguida. É ainda a sala de aula, além, claro, das pesquisas paralelas, que me ensina incessantemente que os assuntos examinados podem ser muito diferentes quando o estudo deles recorre a um eixo conceitual e metodológico claro, objetivo, concentrado o suficiente para não se dispersar, mas flexível o bastante para não ignorar a pluralidade e a diversidade da história. Esse eixo possibilita a aproximação de objetos históricos aparentemente muito distintos e muito distanciados no tempo e no espaço, como se observará à frente. As imagens, as representações, os usos delas e as práticas culturais construídas em torno delas e por meio delas constituem, portanto, a linha mestra deste livro. A sua leitura crítica, que deve problematizar, contextualizar, relativizar e desconstruir, é o alvo a ser atingido. No caminho, até alcançá-lo, convido-o, leitor, a rever, a reinterpretar e a construir a história por meio dessa fonte perigosamente sedutora, uma das vedetes da historiografia mais recente, ela própria instigante e provocadora da sua própria desconstrução e de seu eterno fazer-se.

CAPÍTULO I

A iconografia na História – indagações preliminares

As mais novas gerações de historiadores brasileiros vêm usando como fonte privilegiada a iconografia e têm feito isso com muita destreza. Enfim, já não a tomamos como simples "ilustrações", "figuras", "gravuras" e "desenhos", que servem para deixar o texto mais colorido, menos pesado e mais chamativo para o pequeno leitor ou mesmo para o adulto. A iconografia é tomada agora como registro histórico realizado por meio de ícones, de imagens pintadas, desenhadas, impressas ou imaginadas e, ainda, esculpidas, modeladas, talhadas, gravadas em material fotográfico e cinematográfico. São registros com os quais os historiadores e os professores de História devem estabelecer um diálogo contínuo. É preciso saber indagá-los e deles escutar as respostas, como disse um grande historiador inglês do final do século passado: E. P. Thompson.[1]

A iconografia é, certamente, uma fonte histórica das mais ricas, que traz embutida as escolhas do produtor e todo o contexto no qual foi concebida, idealizada, forjada ou inventada. Nesse aspecto, ela é uma fonte como qualquer outra e, assim como as demais, tem que ser explorada com muito cuidado. Não são raros os casos em que elas passam a ser tomadas como verdade, porque estariam retratando fielmente uma época, um evento, um determinado costume ou uma certa paisagem. Ora, os historiadores e os professores de história não devem, jamais, se deixar prender por essas armadilhas metodológicas. E, é

---

[1] THOMPSON, E. P. *A miséria da teoria ou um planetário de erros; uma crítica ao pensamento de Althusser.* (Trad.) Rio de Janeiro: Zahar Editores, 1981.

importante lembrar, quanto mais colorida, mais bem traçada, mais pretensamente próxima da realidade, no passado e no presente, mais perigosa ela se torna. Quantas vezes tomamos uma cena idealizada nos moldes renascentistas como retrato daquele tempo, das cortes, dos homens e das mulheres, da cidade e da fé daquele tempo? É preciso saber filtrar todas essas imagens, todos esse registros iconográficos. Para tanto, nunca é demais voltar aos velhos ensinamentos em torno da crítica interna e externa das fontes, que todo historiador deve empreender, talvez sem a rigidez modelar, esquemática e classificadora que se pretendeu e se praticou no passado. Mas é certamente fundamental que nunca nos esqueçamos de fazer aos registros históricos, iconográficos ou não, as perguntas que caracterizam o início de todos os nossos trabalhos e de nossas reflexões. Quando? Onde? Quem? Para quem? Para quê? Por quê? Como? A essas perguntas deve-se, contudo, acrescentar outros procedimentos. Primeiramente deve-se se preocupar com as apropriações sofridas por esses registros com o passar dos anos e, evidentemente, diante das necessidades e dos projetos de seus usuários. Além disso, temos que nos perguntar sobre os silêncios, as ausências e os vazios, que sempre compõem o conjunto e que nem sempre são facilmente detectáveis.

Ora, sem aplicar esses procedimentos às fontes e, evidentemente, às fontes iconográficas, os historiadores e os professores de História transformam-nas em reles figurinhas e ilustrações de fim de texto e, pior, emprestam-lhes um estatuto equivocado e prejudicial ao conhecimento histórico. Refiro-me ao estatuto da prova e de verdades irrefutáveis, tudo apresentado a partir de uma falsa autoridade tomada a uma História que assim o permitisse. Mas a armadilha iconográfica parece ser mais sedutora que as armadilhas das outras fontes. Talvez seja a própria beleza da imagem que sirva de isca, uma espécie de canto inebriante de sereia que tem o poder de cegar a vítima e de conduzi-la diretamente ao seu colo traiçoeiro. A imagem, bela, simulacro da realidade, não é a realidade histórica em si, mas traz porções dela, traços, aspectos, símbolos, representações, dimensões ocultas, perspectivas, induções, códigos, cores e formas nela cultivadas. Cabe a nós decodificar os ícones, torná-los inteligíveis o mais que pudermos, identificar seus filtros e, enfim, tomá-los como testemunhos que subsidiam a nossa versão do passado e do presente, ela também, plena de filtros contemporâneos, de vazios e de intencionalidades. Mas a História é isto! É a construção que não cessa, é a perpétua gestação, como já se disse, sempre ocorrendo do presente para o passado. É o que garante a nossa desconfiança salutar em relação ao que se apresenta como definitivo e completo, pois sabemos que isso não existe na História, posto que inexiste na vida dos homens, que são seus construtores.

O uso da imagem, da iconografia e das representações gráficas pelo historiador vem propiciando a apresentação de trabalhos renovadores e, também, instigando novas reflexões metodológicas. Como se trata de um procedimento relativamente recente e, também, ainda restrito, são necessários, por vezes, esclarecimentos básicos sobre as possibilidades investigativas em torno dessas fontes. Por exemplo, é importante sublinhar que a imagem não se esgota em si mesma. Isto é, há sempre muito mais a ser apreendido, além daquilo que é, nela, dado a ler ou a ver. Para o pesquisador da imagem é necessário ir além da dimensão mais visível ou mais explícita dela. Há, como já disse antes, lacunas, silêncios e códigos que precisam ser decifrados, identificados e compreendidos. Nessa perspectiva a imagem é uma espécie de ponte entre a realidade retratada e outras realidades, e outros assuntos, seja no passado, seja no presente. E é por isso que ela não se esgota em si. Por meio dela, a partir dela e tomando-a em comparação é possível ao historiador e ao professor a análise de outros temas, em contextos diversos.

A imagem não é o retrato de uma verdade, nem a representação fiel de eventos ou de objetos históricos, assim como teriam acontecido ou assim como teriam sido. Isso é irreal e muito pretensioso. A História e os diversos registros históricos são sempre resultados de escolhas, seleções e olhares de seus produtores e dos demais agentes que influenciaram essa produção. Esses registros também são vistos e compreendidos de maneiras diferentes pelos historiadores, pelos professores de História, por alunos e por observadores em geral, muitos anos depois. Isso significa que as fontes nunca são completas, nem as versões historiográficas são definitivas. São, ao contrário, sempre lidas diversamente em cada época, por cada observador, de acordo com os valores, as preocupações, os conflitos, os medos, os projetos e os gostos. Fontes e versões carregam em si temporalidades distintas, porque são construídas e reconstruídas a cada época. Devo insistir que a História é sempre uma construção do presente e que as fontes, sejam elas quais forem, também. Elas são sempre forjadas, lidas e exploradas no presente e por meio de filtros do presente. Por isso as fontes também são construídas pelos historiadores, da mesma forma que ocorre quando são escritas as versões da história.

A imagem, ela também, ao ser lida *a posteriori* pelo historiador, pelo especialista e pelo leigo é reconstruída a cada época. A ela, no conjunto ou nos detalhes, são agregados novos significados e valores. Por isso mesmo as imagens podem despertar maior ou menor interesse em cada momento histórico, de acordo com a apropriação que se faz delas. As pinturas francesas do século XIX, chamadas de românticas, de acadêmicas e de neoclássicas, como por exemplo as famosas cenas envolvendo Napoleão Bonaparte, pintadas por Jacques-Louis David, passaram muito tempo desvalorizadas e até mesmo largadas nos depósitos do grandes museus. Emprestava-se a elas certa intencionalidade personalista que as condenava, junto com seus autores, a um segundo ou terceiro plano na história da pintura. A reabilitação dessas pinturas, quase sempre gigantescas, é relativamente recente. Percebeu-se a partir do final da década de 70 do século XX, que essas grandes telas tinham mais a mostrar do que as cenas encomendadas que apresentavam. Na verdade, um olhar historiográfico menos obtuso via nessas obras fontes importantes de informação sobre épocas passadas, seus projetos e sobre as imagens que elas elaboravam sobre si. A partir delas se poderia ler, portanto, um tempo, um processo histórico ou, pelo menos, porções dele.[2]

Napoleão Bonaparte é representado por David como um herói e um comandante obstinado, além de atribuir-lhe uma imagem vitoriosa.

Uma reabilitação idêntica teve vez também no Brasil, sobretudo com relação à pintura acadêmica produzida sob o patrocínio do Império, no século XIX, que a historiografia republicana encarregou-se de depreciar. Hoje, os quadros de Pedro Américo, Victor Meireles, Benedito Calixto, entre outros, são frequentemente tomados como fontes ricas em informação sobre o passado imperial do Brasil e sobre a imagem que a monarquia quis construir sobre ela e sobre a história do país.[3]

As diferentes compreensões que cada momento histórico produz das imagens são capazes de alterar versões

---

[2] Ver HUREAUX, Alain Daguerre de. Pourquoi une exposition Jean-Paul Laurens. In: HUREAUX, A. D.; CARS, L. des. *Jean-Paul Laurens, 1838-1921: peintre d'histoire*. Paris/Toulouse: Musée d'Orsay/Musée des Augustins, 1998, p. 13-22.

[3] Sobre esses assuntos ver, entre outros, COLI, Jorge. A pintura e o olhar sobre si: Victor Meireles e a invenção de uma história visual no século XIX brasileiro. In: FREITAS, Marcos Cezar de. (Org.) *Historiografia brasileira em perspectiva*. São Paulo: Contexto, 1998, p. 375-404; COLI, Jorge. Primeira missa e invenção da descoberta. In: NOVAES, Adauto. (Org.) *A descoberta do homem e do mundo*. São Paulo: Companhia das Letras, 1998, p. 107-121; FONSECA, Thaís Nívia de Limas. "Ver para compreender": arte, livro didático e a história da nação. In: SIMAN, L. M. C.; FONSECA, T. N. de L. (Orgs.). *Inaugurando a História e construindo a nação: discursos e imagens no ensino de História*. Belo Horizonte: Autêntica, 2001, p. 91-121.

Nessa batalha, ocorrida em 1649, os invasores holandeses foram expulsos da América Portuguesa por forças militares, que tiveram à sua frente três comandantes: um branco, André Vidal de Negreiros, um índio, Felipe Camarão e um negro, Henrique Dias. A pintura, realizada no século XIX, pretendeu representar a união entre as três raças em defesa do Brasil, construindo, assim, a ideia de um nacionalismo já no século XVII e uma imagem heroica para a nação.

historiográficas já existentes. Esse movimento é inevitável e é, também, vital, pois é um movimento da própria história, que não é em nada pronta, fixa e imutável. Pensando sobre esse tema e partindo da observação de um quadro intitulado *A Virgem e o Menino à frente de um guarda-fogo* (atribuído a Roger van der Weyden ou a seu mestre, Robert Campin, Flandres, século XV), Alberto Manguel diz:

> A *Virgem e o Menino à frente de um guarda-fogo* é pelo menos duas pinturas: uma delas mostra uma cena doméstica comum e um interior confortável; a outra conta a história de um deus nascido de uma mulher mortal, o qual assume na sua feição humana a sexualidade da carne e o conhecimento de um fim certo. Essa história ameaça ser infinita, uma vez

que toda leitura nova acrescenta outras camadas ao seu enredo. Ao vê-la hoje, emprestamos à pintura uma abundância de detalhes curiosos (a auréola que peregrinou para o Oriente, as imagens ancestrais de maternidade, os efeitos do pudor do século XIX), dos quais o artista não poderia ter ideia; nós mesmos, é claro, não podemos saber que capítulos novos serão acrescentados à história nas leituras futuras. O enigma permanece o mesmo: só as respostas variam.

Provavelmente Manguel tenha razão em afirmar, em seguida, que "talvez todas as pinturas sejam, em certo sentido, um enigma".[4] Deve-se salientar, entretanto, que os enigmas existentes nas composições iconográficas (nem sempre, note-se, concebidos como enigmas pelos autores das imagens, mas, de maneira mais frequente, pelo observador *a posteirori*) muitas vezes não estão no centro da cena descrita/desenhada. Em muitos casos eles estão no plano secundário, no fundo, nos glifos laterais, nas cenas "menos importantes". Eles são ainda, quase sempre, verdadeiras "chaves", que abrem o hermetismo de outras imagens, compostas por artistas distintos, em épocas diferentes. Há ocasiões, ainda, em que esses enigmas se convertem em chaves-mestras do historiador, com as quais ele consegue mergulhar no passado histórico e nas suas incontáveis problemáticas.

Uma das inúmeras representações instigantes que os pintores dos séculos XV a XVIII produziram intensamente foi a dos continentes, emprestando a cada um deles características que os tornavam mais ou menos selvagens, civilizados, naturais, letrados, belos, perigosos. Essas representações são muito conhecidas e há vários exemplos magníficos espalhados por museus, igrejas e bibliotecas na Europa, no Brasil, nos países americanos de expressão hispânica e por outros países. Além disso, são imagens repetidamente divulgadas

---

[4] Ver MANGUEL, Alberto. *Lendo imagens; uma história de amor e ódio.* (Trad.) São Paulo: Companhia das Letras, 2001, p. 83.

em livros, catálogos e gravuras. Não obstante, muito recentemente, observando mais uma vez esses quadros e outros de temática distinta, comecei a perceber que havia também uma certa representação do estranhamento entre esses mundos tão distintos, ocorrida nesse período. Muitos pintores representaram intencionalmente esse sentimento e outros, certamente, copiaram os símbolos empregados pelos antecessores sem se dar conta de seu conteúdo, como foi comum entre os artistas dessas épocas. As diferenças, no plano do que se considerava civilização naqueles tempos, entre a Europa, a Ásia, a África e a América foram representadas por meio dos animais típicos de cada uma dessas regiões. A associação do cão, domesticado, fiel, companheiro e confiável, aos ambientes europeus teve, em contrapartida, o uso do macaco e, também, do peru, do rinoceronte e, até mesmo, de aves como a arara e o papagaio como sinônimos de natureza rude, selvagem, inconstante, imprevisível. Em quadros que abordam as mais variadas temáticas, que descrevem as mais distintas cenas, produzidos, sobretudo, entre os séculos XVI e XVIII, na Península Itálica, na França, nos Países Baixos e na Península Ibérica, foram introduzidos esses elementos, em plena demonstração do estranhamento entre eles. Na maioria das vezes a cena é pintada no sopé dos quadros ou em uma das laterais inferiores, fora do campo principal de observação. O cão europeu aparece sempre rosnando em direção ao macaco, aparentemente irreverente, ou em direção a um peru, meio que indiferente e negligente, alheio à reação do animal europeu. Ora, ainda que geralmente os cães estranhem outros animais e pessoas, a cena, repetidamente introduzida nesses quadros, representava, como já disse, o estranhamento existente durante esse período e, muitas vezes, compartilhado pelo próprio pintor. Há cenas em que o representante da barbárie é substituído não por outro animal, mas por um negro, geralmente um garoto, ou por um anão. O cachorro segue, entretanto, representando o mundo civilizado nesses quadros, continuando a rosnar em direção ao exótico, quase sempre fazendo-o na parte direita da representação. Há ainda quadros que substituíram o cachorro por uma coruja, símbolo da inteligência, da erudição e da intelectualidade, pintada em patamar superior aos outros animais exóticos da América e da África.

Essa história do estranhamento entre mundos, representado a partir de animais, serve bem para demonstrar como códigos empregados por um tempo podem perder-se definitivamente, podem ser recuperados integral ou parcialmente por observadores posteriores e podem receber, inclusive, novos significados a cada época. De toda forma, tudo isso demonstra como esses códigos, esses símbolos, os emblemas, as alegorias, enfim, as representações, não têm signos absolutos, definitivos,

O macaco está associado ao garoto negro, provável escravo africano de corte, enquanto o cachorro aparece associado ao anjo de feições europeias, colocado no outro extremo inferior pelo artista. Os animais, um expressando o exotismo e o outro a civilização se observam, envolvidos em um misto de desconhecimento e estranhamento.

No detalhe, aparecem o garoto negro, provável escravo africano de corte e o anão, também personagem de corte, que traz um papagaio na mão esquerda. O papagaio era uma ave já conhecida na Europa antes da chegada dos espanhóis na América, mas torna-se, a partir daí, largamente representada em obras de arte como alusão quase obrigatória ao exotismo do Novo Mundo, na visão europeia.

Na pintura de Jordaens o perú e o papagaio substituem o macaco, mas continuam aparecendo como referências ao exótico Novo Mundo. Novamente, o cão associado a Europa é representado estranhando os outros animais.

fixos, nem imutáveis. Tudo vai depender da recepção que eles terão em cada época, no seio de cada grupo social e, também, das variadas maneiras pelas quais serão apropriados historicamente.

Nesse complexo processo de recepção, divulgação, apropriação e ressignificação das imagens no tempo e no espaço é preciso sublinhar, ainda, alguns aspectos fundamentais. O primeiro é, talvez, reiterar, de maneira explícita, o fato de as representações integrarem a dimensão do real, do cotidiano, da história vivenciada. O imaginário não é, como se poderia pensar, um mundo à parte da realidade histórica, uma espécie de nuvens carregadas de imagens e de representações que pairam sobre nossas cabeças, mas que não fazem parte de nosso mundo e de nossas vidas. Ao contrário, esse campo icônico e figurativo influencia, diretamente, nossos julgamentos; nossas formas de viver; de trabalhar; de morar; de nos vestirmos; de nos alimentarmos; de compararmos as coisas; de nos medicarmos; de expressarmos nossas crenças, sejam elas religiosas, políticas ou morais; de nos organizarmos em nosso cotidiano; de escolhermos nossas atividades e profissões; de construirmos nossas práticas culturais e de novamente representarmos o mundo em que vivemos, em toda sua diversidade e complexidade.

Outro ponto que precisa ficar claro desde já é o relativo às categorias históricas de permanência ou continuidade e de ruptura ou descontinuidade. Essas categorias, por vezes conjugadas e em outras superpostas, misturadas ou separadas, compõem a base do campo de estudo das imagens. Por isso, é necessário tomá-las, transformando-as em indagações, em questões, em problemas, que devem ser sempre colocados às fontes icônicas, sejam elas quais forem, assim como a qualquer outro tipo de fonte usada pelo historiador. O jogo estabelecido entre as mudanças e as permanências históricas no que tange aos valores, gostos, ideias, conhecimentos, referências e padrões é uma das chaves principais para que se possa compreender melhor a história das imagens e a nossa relação intensa com elas, ao longo dos séculos. Da mesma forma, é esse jogo que nos possibilita entender porque algumas imagens continuam sendo referenciais para nós, depois de séculos ou de milênios, e porque outras se perderam ou ficaram restritas a grupos específicos e, junto a isso, entender em que medida essas relações determinam nosso passado, nosso presente e, também, nosso futuro.

Creio que um bom exemplo seria pensar em algumas representações que, aparentemente, tiveram sempre e de forma unânime os mesmos significados. Escolhi para isso um conjunto muito conhecido e valorizado entre nós hoje e que há alguns anos teve sua importância histórica reconhecida internacionalmente pela UNESCO. Refiro-me ao magnífico conjunto do Santuário do Senhor Bom Jesus de Matozinhos, situado em Congonhas, Minas Gerais, concebido pelo célebre artista colonial, o mulato mineiro Antônio Francisco Lisboa, dito Aleijadinho. O conjunto de Congonhas foi motivo de orgulho e de veneração na época de sua construção, entre o final do século XVIII e os primeiros anos do século XIX. As imagens que compõem esse conjunto foram concebidas por Aleijadinho, claro, embebidas do espírito religioso tão fortemente presente no cotidiano da época. Elas sumariavam em traços de barroco e de rococó o drama e o espetáculo da vida de Cristo e os ensinamentos bíblicos, que se pretendem universais e eternos. Venerá-las deveria despertar ou acentuar no observador os preceitos católicos da paixão, da humildade e de todas as virtudes, além do propósito da salvação da alma.[5] Hoje, o lugar é parada obrigatória para turistas e especialistas de todo o mundo. As obras são admiradas e divulgadas em uma infinidade de países e suscitam imediatamente a curiosidade das pessoas, provavelmente despertada pela realidade fantástica, trágica e enigmática dada pelo artista às esculturas em madeira e em pedra-sabão.

Contudo, a opinião do famoso viajante francês Auguste de Saint-Hilaire sobre a igreja de Congonhas do Campo distancia-se, acentuadamente, do que se pensa hoje

---

[5] Sobre esses temas ver BRETAS, Rodrigo José Ferreira. *Passos da Paixão – o Aleijadinho*. Rio de Janeiro: Alumbramento, 1984; CAMPOS, Adalgisa Arantes. *A terceira devoção do setecentos mineiro: o culto de São Miguel e Almas*. Tese de Doutorado apresentada à USP, São Paulo, 1994; MARTINS S. J., Mário. *Introdução histórica à vidência do tempo e da morte*. Braga: Livraria Cruz, 1969, 2 v.; PAIVA, Eduardo França. A viagem insólita de um cristão das Minas Gerais: um documento e um mergulho no imaginário colonial. *Revista Brasileira de História*. ANPUH/Ed. Contexto, São Paulo, n. 31 e 32, p. 353-363, 1996; PAIVA, Eduardo França. *Por meu trabalho, serviço e indústria: histórias de africanos, crioulos e mestiços na Colônia – Minas Gerais, 1716-1789*. Tese de Doutorado apresentada à USP, São Paulo, 1999; PAIVA, Eduardo França. Testamentos, universo cultural e a salvação das almas nas Minas Gerais do setecentos. *Revista do IFAC*. UFOP, Ouro Preto, n. 2, p. 84-91, 1995; OLIVEIRA, Myriam Andrade Ribeiro de. *Passos da paixão – o Aleijadinho*. Belo Horizonte/São Paulo: Itatiaia/EdUSP, 1984.

do conjunto tombado como Patrimônio da Humanidade. Sua impressão sobre o Aleijadinho é, em tudo, avessa ao culto que se desenvolveu em torno do artista, sobretudo a partir da revitalização da cultura nacional, pretensamente genuína, fomentada pelos modernistas brasileiros do início do século XX. Para o francês oitocentista, o artista mulato, que se tornaria mais tarde referência da arte colonial brasileira, não passava de uma espécie de mestre da barbárie ou mestre mestiço, cujo maior mérito foi não ter podido contar com modelos e

O conjunto artístico do Santuário Bom Jesus de Matozinhos, em Congonhas, Minas Gerais, foi reconhecido como Monumento Cultural da Humanidade pela UNESCO, em 1985. A arquitetura e as imagens esculpidas em pedra e em madeira, de fatura do famoso Aleijadinho, são hoje considerados exemplares dos mais representativos da dinâmica atividade artística desenvolvida na região das Minas, durante os séculos XVIII e XIX. Desde sua construção, esse conjunto de imagens foi lido de maneira distinta por seus incontáveis observadores, de acordo com os valores e as demandas de diferentes épocas.

ensinamentos europeus e, ainda assim, ter apresentado obras razoáveis.

Saint-Hilaire, que visitara a região no final da segunda década do século XIX, escreveu:

No morro que fica fronteiro ao que venho de falar vê-se a igreja de N. Senhor Bom Jesus de Matozinhos, que goza de grande celebridade, não somente nos arredores mais [sic] fora da província [de Minas Gerais]. Os devotos para ali se dirigem, vindos de muito longe e, na época da festa do padroeiro, que se celebra em setembro, a aldeia fica cheia de forasteiros e devotos. [...] Está visto que eu não deixaria Congonhas sem ir visitar a igreja de N. S. Bom Jesus do Matozinhos, que é, para essa região, como observa Luccock o que é para a Itália a N. Sra. de Loreto. Essa igreja foi construída no cume de um morro, no meio de um terraço pavimentado de largas pedras e circundado por um muro de arrimo. Diante dela colocaram sobre os muros da escadaria e sobre os do terraço estátuas de pedras representando os profetas. Essas estátuas não são obras-primas, sem dúvida; mas observa-se no modo pelo qual foram esculpidas qualquer cousa de grandioso, o que prova no artista um talento natural muito pronunciado. Elas são devidas a um homem que residia em Vila Rica e que demonstrou, desde sua infância, uma grande vocação pela escultura. Muito jovem ainda, disseram-me, ele resolveu tomar não sei que espécie de bebida, com intenção de dar mais vivacidade e elevação a seu espírito; mas perdeu o uso de suas extremidades. Entretanto prosseguiu no exercício de sua arte; ele fazia prender as ferramentas na extremidade do antebraço e foi assim que fez as estátuas da igreja de Matozinhos. [...] Quando de minha viagem tencionavam construir um pouco abaixo da igreja de Matozinhos, na vertente do morro em que ela se acha, sete capelas representando os principais mistérios da paixão de Jesus Cristo. Três dessas capelas haviam já sido construídas; são quadradas e terminam por um pequeno zimbório cercado por uma balaustrada. No começo de 1818 apenas uma delas estava terminada internamente e aí se via a cena representada por imagens de madeira, pintadas, e de tamanho natural. Essas imagens são muito mal feitas; mas, como são obra de um homem da região, que nunca viajou e nunca teve um modelo com que se guiasse, elas devem ser julgadas com certa indulgência.[6]

Os contextos diferenciados dão, portanto, significados e juízos diversos às imagens. O distanciamento no tempo entre o observador, o objeto de observação e o autor do objeto também imprime diferentes entendimentos, uma vez que, como já sublinhei, as leituras são sempre realizadas no presente, em direção ao passado. Isto é, ler uma imagem sempre pressupõe partir de valores, problemas, inquietações e padrões do presente, que, muitas vezes, não existiram ou eram muito diferentes no tempo da produção do objeto, e entre seu ou seus produtores.

Todos os fatores listados acima criam muitas possibilidades de leitura e de compreensão das imagens e isso é fundamental para a renovação e para o avanço da história cultural. Mas é preciso estar sempre atento aos limites existentes nesses procedimentos de interpretação, sob pena de, no extremo, inventarmos realidades históricas para podermos adaptá-las à iconografia examinada. Ou, o que é tão pernicioso quanto a situação anterior, inventar significados para melhor encaixar uma imagem em seu tempo. Ou, ainda, levarmos para o passado e para a representação icônica valores de nosso tempo, que não existiam antes, o que consiste em anacronismo, o maior dos pecados, por assim dizer, que um historiador pode vir a cometer.

Para finalizar essas indagações preliminares devo alertar o leitor de algumas especificidades deste texto e de algumas das suas várias limitações. Como já venho demonstrando, este não é um livro de história da arte, não obstante recorrer todo o tempo a obras de arte como suporte para as discussões

---

[6] Ver SAINT-HILAIRE, Auguste de. *Viagem pelo Distrito dos Diamantes e litoral do Brasil.* (Trad.) Belo Horizonte/São Paulo: Itatiaia/EdUSP, 1974, p. 92-93.

aqui apresentadas. Trata-se, antes, de um livro sobre história cultural, que toma as representações icônicas e figurativas como pontos centrais de reflexão. Por conta desse perfil, evidentemente, muitos dos aspectos técnicos, metodológicos e conceituais que compõem a análise de um historiador da arte estarão ausentes aqui. Uma análise estilística; das técnicas empregadas pelos artistas evocados; das várias dimensões empregadas pelos artistas; dos conceitos estéticos; das técnicas de composição; das escolhas pictóricas; das técnicas de observação das pinturas, tudo isso, certamente, tornaria o texto mais rico e completo. Contudo o afastaria do objetivo principal do projeto, qual seja, uma reflexão sobre a recepção, a apropriação e a exploração das imagens no cotidiano, pelo público leigo e por parte de especialistas, sobretudo, por parte dos historiadores. E, claro, uma reflexão em torno dessas questões presume a análise de seu entorno, isto é, das derivações dessas práticas culturais no tempo e no espaço. Por isso, algumas vezes, recorrerei, ainda que de maneira superficial, ao instrumental de áreas de estudos afins, como, por exemplo, a História da Arte, a Sociologia, a Antropologia, a Estética.

Com relação aos limites que o leitor vai encontrar, entre outros, está a reprodução de todas as imagens em preto e branco. Preferimos poder reproduzi-las em quantidade, sacrificando o colorido e impedindo que o custo final do livro pudesse ser um elemento que impedisse a sua plena circulação entre o público para o qual esta coleção foi idealizada. A ausências das cores originais das imagens aqui reproduzidas traz algumas dificuldades suplementares para sua melhor exploração, bem como para a maior verticalização das análises e das reflexões propostas. Afinal, as cores empregadas pelos produtores das obras e pelas posteriores intervenções, em grande parte dos casos, são elementos que podem permitir o entendimento de dimensões importantes dos contextos históricos nos quais as obras se inserem e são apropriadas. Nesse caso, pode-se, por exemplo, evocar o campo das representações dos sentimentos por meio do uso de determinadas cores, como a paixão impressa no vermelho, no preto e no roxo. De maneira idêntica, o jogo entre o bem e o mal, o paraíso celeste e as trevas podem perder um pouco toda a sua forte expressão quando eliminamos o contraste entre os tons suaves das virtudes e os tons encardidos atribuídos aos vícios. As insígnias de determinados grupos sociais, confrarias, ofícios e profissões podem, também, se perder para o leitor, uma vez que suas cores simbólicas foram eliminadas. E se algum pintor, desenhista ou escultor quis romper com a tradição e o costume, alterando e invertendo as cores habitualmente atribuídas a um objeto, um momento, um sentimento ou um grupo, nesse caso, essa dimensão não estará explicitada. Os exemplos, certamente, poderiam se multiplicar aqui, mas é necessário esclarecer que o exercício que proponho pode ser desenvolvido perfeitamente, ainda que sem contar com as cores originais das imagens apresentadas. Devo sublinhar, ainda, que todas essas dimensões poderiam permanecer ocultas, mesmo que as reproduções fossem coloridas, caso o leitor/observador não buscasse nelas as respostas aos problemas previamente colocados. Isto é, não é o fato de se reproduzir em cores as imagens que se garantiria, *per si,* uma leitura completa delas. Aliás, isso é praticamente impossível de acontecer, mesmo entre os especialistas. Nunca, como sabemos bem, uma análise histórico-cultural poderá ser definitiva, absoluta, acabada ou total. O motivo é simples, como se diz depois de muitos anos: as leituras, assim como as versões históricas, são todas filhas de seu tempo.

Não obstante a aparente liberdade de leitura das imagens é necessário lembrar, finalmente, que o que se intenta neste livro é tomá-las numa perspectiva histórica e historiográfica e não numa perspectiva ficcional. Não se trata, portanto, de inventar livremente significados para as representações iconográficas e figurativas, como se estivesse escrevendo um romance ou uma ficção de qualquer outro tipo. Não se trata de elaborar um texto sem o compromisso que os historiadores devem sempre guardar com as realidades históricas e com os conceitos historiográficos, sem estabelecer o diálogo entre o conceito e a evidência, para, novamente, evocar E. P. Thompson.[7] É esse diálogo que pretendo exercitar aqui, a partir de temas arbitrariamente escolhidos, como já expliquei antes. O que se poderá observar adiante é, em certa medida, um inventário de indagações colocadas às imagens, misturando as próprias de um historiador às geralmente formuladas por leigos. Afinal, um historiador é, ao mesmo tempo, leigo em muitos assuntos e em muitas dimensões da própria história. É assim, portanto, que as análises que seguem foram construídas e é para provocar prospecção que elas, em vários casos, são aqui apresentadas.

---

[7] THOMPSON, E. P. *A miséria da teoria ou um planetário de erros; uma crítica ao pensamento de Althusser.* (Trad.) Rio de Janeiro: Zahar Editores, 1981.

CAPÍTULO II

Pela glória de Deus
e de sua santa Igreja

Desde os primeiros tempos do cristianismo, a imagem e as representações foram instrumentos pedagógicos poderosos e eficazes. O convencimento, a legitimação, o conhecimento e a própria fé sempre foram devedores da iconografia, ainda que as representações de Deus e do Cristo, assim como do homem, feito por Deus à sua semelhança, fossem práticas condenadas nos textos bíblicos e pela Igreja, até, pelo menos, o século VI. A proibição, entretanto, nunca vigorara plenamente, e mais forte fora o desejo, a necessidade e o gosto pelas imagens criadas a partir das realidades históricas e, também, do imaginário cristão.[1] As imagens traduziam as palavras sagradas e eram lidas como se fossem elas para os fiéis cristãos analfabetos. Por isso chamá-las, hoje, de pedagógicas, isto é, de representações que eram dadas a ler e que ensinavam, dogmaticamente, sobre a história, sobre os homens, sobre o mundo, sobre Deus e sobre o paraíso celestial.

Várias dessas imagens foram profundamente incorporadas ao nosso imaginário, foram reconstruídas, reapresentadas, redefinidas, revalorizadas no decorrer desses dois últimos milênios e chegaram até nós, algumas delas de forma quase inalterada. Nesse longo processo pinturas, desenhos, gravuras e esculturas se misturaram a imagens figurativas, isto é, a representações imaginárias e de memória, complementando-se. Como resultado, por exemplo, a morte representada por uma caveira permanece vigorando nos nossos dias, embora da Idade Média para cá tenha, em certa medida, perdido alguns de

---

[1] Ver sobre o assunto MANGUEL, Alberto. *Lendo imagens; uma história de amor e ódio*. (Trad.) São Paulo: Companhia das Letras, 2001, p. 43-44, 146-148.

seus atributos originais, como é o caso da foice que ceifava a vida e do cavalo, sobre o qual ela vinha a galope. Em compensação, a representação atual da morte como caveira adquiriu novos atributos, mais próprios de nosso tempo. Não é por outro motivo que costumamos a vê-la associada a bebidas alcóolicas, a algum tipo de droga, a guitarras elétricas e, até mesmo, a seres zoomorfos, que nos desenhos animados da TV habitam o nosso mundo no futuro. Não obstante essas adaptações, a antiga imagem da caveira continua lembrando ao homem contemporâneo que um dia ele morrerá, ainda que tal apelo, evidentemente, não cause o mesmo impacto de antigamente. Várias outras antigas imagens, mais ou menos constantes, reveladoras e influenciadoras ainda hoje, dependendo dos grupos sociais que delas se apropriam, dependendo do universo cultural onde se inserem, podem ser lembradas aqui. A fé cristã e o fiel de joelhos implorando a piedade divina e a salvação da alma ainda fazem parte de nosso repertório imagético e de nossas práticas culturais contemporâneas. Essa imagem esteve associada durante muitos séculos a uma outra, tão ou mais forte e mais presente que ela: a do Juízo Final, isto é, o julgamento dos vivos e dos mortos que, segundo a tradição cristã, ocorreria no final dos tempos e seria presidido pelo filho de

A morte a cavalo e com a foice foi uma das formas mais comuns de representação do macabro durante o período medieval e moderno na Europa.

Novas representações da morte e do macabro: a caveira troca a foice por lâminas modernas e o cavalo pela motocicleta.

Deus. Nesse momento, os bons seriam separados dos maus e as almas seriam encaminhadas, de acordo com o mérito individual, à salvação eterna no paraíso celeste ou à perdição absoluta no inferno e, a partir dos séculos XII e XIII, ao purgatório, esse espaço ocupado pelas almas não completamente virtuosas, que poderiam se arrepender ali dos vícios e dos pecados cometidos. Aliás, o purgatório pode ser visto como um *locus* estratégico, surgido a partir de antigas tradições cristãs e tão discutido pelos teóricos da Igreja, como Santo Agostinho e São Tomás de Aquino, que tornava menos absoluto o destino dos homens. Afinal, era preciso existir algum lugar para onde eram encaminhadas as almas das pessoas que tinham pecado, que tinham caído em tentação e, com medo das intermináveis penas do inferno, buscavam purgar suas faltas e se arrepender delas, o que se constituía a maioria dos casos. Se o purgatório não existisse, o inferno correria o risco de se tornar superpovoado, isso, claro, dentro da mitologia cristã e com alguma liberdade de interpretação de minha parte.[2]

---

[2] Sobre o tema, entre muitos outros autores, ver ARIÈS, Philippe. *L'homme devant la mort*. Paris: Seuil, 1977; CAMPOS, Adalgisa Arantes. *A terceira devoção do setecentos mineiro: o culto a São Miguel e Almas*. Tese de Doutorado apresentada ao Departamento de História da USP, São Paulo, 1994; DELUMEAU, Jean. *Le léché et la peur; la culpabilisation en Occident (XIIe-XVIIIe siècles)*. Paris: Fayard, 1993; MARTINS S. J., Mário. *Introdução histórica à vidência do tempo e da morte*. Braga: Livraria Cruz, 1969, 2 v; PAIVA, Eduardo França. A viagem insólita de um cristão das Minas Gerais: um documento e um mergulho no imaginário colonial. *Revista Brasileira de História*. ANPUH/Ed. Contexto, São Paulo, n. 31 e 32, p. 353-363, 1996; PAIVA, Eduardo França. *Por meu trabalho, serviço e indústria: histórias de africanos, crioulos e mestiços na Colônia – Minas Gerais, 1716-1789*. Tese de Doutorado apresentada à Universidade de São Paulo, 1999; PAIVA, Eduardo França. Testamentos, universo cultural e a salvação das almas nas Minas Gerais do setecentos. *Revista do IFAC*. UFOP, Ouro Preto, n. 2, p. 84-91, 1995; REIS, João José. *A morte é uma festa; ritos fúnebres e revolta popular no Brasil do século XIX*. São Paulo: Companhia das Letras, 1991; CHRISTE, Yves. *Jugements derniers*. Orléans: IDC Orléans, 1999; TENENTI, Alberto. *Il senso della morte e l'amore della vita nel Rinascimento (Francia e Italia)*. Torino: Einaudi Editore, 1989; VOVELLE, Michel. *La mort et l'occident de 1300 à nos jours*. Paris, Gallimard, 1983; VOVELLE, Michel. *Mourir autrefois; attitudes collectives devant la mort aux XVIIe et XVIIIe siècles*. Paris: Gallimard/Julliard, 1974; VOVELLE, Michel. *Piété baroque et déchristianisation en Provence au XVIIIe siècle*. Paris: Éditions du Seuil, 1978.

As imagens do Juízo Final, das almas pias que seriam salvas e das pecadoras que seriam condenadas ao inferno são muito antigas e durante séculos atormentaram as ideias e as práticas dos cristãos.

O céu seria, portanto, o destino dos justos e o inferno, o dos pecadores. E a hora da morte do corpo, da morte terrena, isto é, da matéria, é fundamental para a determinação dessa trajetória. É nesse momento que o arrependimento pode contar favoravelmente, como o fez o bom ladrão, crucificado ao lado de Jesus. Ou, de modo contrário, como ocorreu com o mau ladrão. Esse não se arrependeu dos

O destino das almas, após a morte, foi, até muito recentemente, motivo de temor de muitos cristãos brasileiros e de expressão através de imagens de devoção.

Os "santinhos", pequenos cartões que estampam uma imagem e no verso, geralmente, uma oração rogando proteção, são comuns até hoje no Brasil. Antigas imagens se perpetuam através, também, da fé religiosa, como se vê nessa reprodução. Nela, São Miguel Arcanjo empunha a balança do julgamento e mata o demônio. Ao mesmo tempo, várias almas são salvas do fogo do inferno e do purgatório.

pecados na hora da morte, não pediu perdão a Deus e teve a alma encaminhada diretamente para o inferno, sem direito à purgação. Por isso mesmo, até poucas décadas, foi muito comum a circulação de representações detalhadas sobre a hora da morte de um justo e a hora da morte de um pecador como exemplos visuais a serem considerados por cada um, na hora fatal.

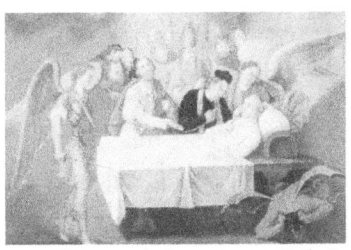

A morte do justo é associada à tranquilidade, às virtudes e à proteção divina.

É interessante notar que essas representações, geralmente oriundas da Europa, encontram na América, sobretudo a de colonização ibérica, terreno muito fértil. Muitas vezes, esse imaginário e essas representações iconográficas se mantiveram mais presentes e mais influentes em terras americanas que na Europa, onde, desde a secularização burguesa, o cientificismo e a racionalização do século XIX proclamaram o desaparecimento dessas imagens e a sua perda de significado.[3]

A morte do pecador, no caso uma pecadora, é associada a um momento de perturbação, aos vícios e aos demônios.

Na versão mexicana contemporânea a morte do pecador continua vinculada aos vícios mundanos e ao não arrependimento dos pecados.

---

[3] Ver VOVELLE, Michel. *Imagens e imaginário na História; fantasmas e certezas nas mentalidades desde a Idade Média até o século XX.* (Trad.) São Paulo: Ática, 1997.

O tratamento dispensado no Brasil à criança que morre muito cedo é bastante sugestivo: diz-se em várias regiões do país, ainda hoje, "anjinho", esse que morrera sem pecado.[4] Em outros países, cujo processo histórico foi notadamente marcado pelo catolicismo ibérico, encontram-se, igualmente, essas representações. É o caso do México e do Peru e, de uma maneira geral, de toda a América espanhola, por exemplo. Isso talvez possa indicar a importância representada pela imagem no processo de evangelização desses países, o qual, aliás, é aspecto extremamente importante na história deles. Afinal, esse foi, novamente, um instrumento pedagógico particularmente eficaz, quando usado pelo Estado e pela Igreja no afã de cooptar escravos, libertos e livres pobres, negros, índios e mestiços. Pelo resultado que se vê hoje nas ruas, nas igrejas e no cotidiano dessas sociedades, não há

Um anjo joga lírios sobre o túmulo de uma criança. O branco ajuda a afirmar a imagem de pureza atribuída ao "anjinho" ali enterrado.

A artista substituiu o branco pelo colorido das vestes e das flores colocadas em torno do pequeno corpo morto. Contudo, a associação com a pureza foi mantida e a salvação da alma inocente é invocada por meio da imagem do Cristo da Coluna, colocada à direita da cabeça coroada do menino.

---

[4] Ver REIS, João José. *A morte é uma festa; ritos fúnebres e revolta popular no Brasil do século XIX*. São Paulo: Companhia das Letras, 1991, p. 139-140.

dúvida sobre os efeitos duradouros dessas antigas representações no imaginário popular.[5]

O realismo da pintura religiosa cristã conquistou muitos adeptos e fiéis, misturando, sempre, as realidades representadas e a narrativa histórico-biográfica, da qual tradicionalmente lançava mão. Os resultados desse esforço de convencimento, quase sempre, foram bastante positivos, na perspectiva de quem queria convencer, claro. Abordando esse assunto Carmen Bernand publicou, recentemente, um relato jesuíta do século XVII e comentou:

> Anos depois, chegou a Cartagena [das Índias] um príncipe embaixador de Arda, encabeçando um grupo de escravos, que se impressiona diante da imagem de um Cristo. A eficácia da iconografia cristã se comprova novamente quando os jesuítas lhe mostraram, em continuação, uma figura de uma alma condenada, cercada de demônios e parecendo-lhe horroroso o espetáculo, cuspiu, asseverando que não queria ir para onde aquela miserável havia ido.[6]

Durante o período de colonização da América, e de resto isso ocorria em todas as partes do mundo na mesma época, as imagens circularam intensamente, seja sob a forma impressa, seja gravada, seja sob a forma de relatos e descrições orais. Elas foram verdadeiros elementos de informação, de integração e de intervenção, mecanismos por meio dos

---

[5] Affonso ÁVILA chamou a atenção para a importância da imagem em Minas Gerais, no século XVIII. Segundo esse autor, "um aspecto comum a todas as manifestações do barroco nas Minas do século XVIII, seja na área da criação artística ou na órbita mais ampla do estilo de vida, é a preocupação do visual, a busca deliberada da sugestão ótica, a necessidade programática de suscitar, a partir do absoluto enlevo dos olhos, o embevecimento arrebatador e total dos sentidos". Ver ÁVILA, Affonso. *O lúdico e as projeções do mundo barroco*. São Paulo: Perspectiva, 1971, p. 197-233.

[6] Citação retirada de documento do Archivum Romanum Societatis Iesu (Roma), séries Novi Regni et Quitensis y Peruana (ARSI 12-1, 1.611, fol. 95; 13-1, 1.655-1.660, fol. 5). Ver BERNAND, Carmen. *Negros esclavos y libres en las ciudades hispanoamericanas*. 2 ed. Madrid: Fundación Histórica Tavera, 2001, p. 64-65.

quais se procedeu a intercâmbios, a circulação e a apropriações culturais de toda sorte. O comércio internacional aproveitou-se da potencialidade das imagens na divulgação e na invenção de novos gostos e de novas necessidades. As próprias imagens se transformaram em objetos de intenso comércio. Elas, talvez mais que as línguas, foram também usadas como ferramentas de conversação, de comunicação, de imposição cultural, assim como a partir delas se constituíram espaços e dinâmicas de sociabilidade os mais diversos.

No Brasil do final do século XVIII e do início do século XIX, por exemplo, o relato deixado por um homem, morador da cidade de Mariana, em Minas Gerais, que havia perdido seu cargo administrativo, esclarece muito sobre o poder exercido pelas imagens icônicas e figurativas no cotidiano da gente simples. João Alves de Carvalho descreve com detalhes impressionantes a visita que ele tinha feito ao inferno, ao purgatório e ao céu, numa viagem fantástica, empreendida antes de sua morte, um privilégio reservado, na perspectiva dele, a poucos fiéis. Vejamos alguns trechos desse documento raro:

> Ilustríssimo Excelentíssimo Senhor. Diz João Alves de Carvalho, que ele suplicante, como cortesão dos céus [...] porque é homem temente a Deus, beato e servo de Deus, e tem voto jurado, que suposto é casado não usa do matrimônio, mereceu a Deus, pelas suas penitências que tem feito, de muitos anos dentro nesse tempo, foi o Altíssimo servido levar a alma do Suplicante ao fogo do purgatório, aonde esteve dois minutos ardendo nele, foi levado aos céus, aonde esteve dois minutos e viu tudo como estava, foi levado ao inferno, entre os condenados, e também viu lá o inferno dos padres, e viu como o fogo abrasava neles, e a gritaria desordenada que faziam, também foi ao purgatório das mulheres, aonde as viu todas assentadas em um campo, aonde conheceu várias, e teve a ditas de falar com Deus cinco vezes, aonde o Senhor lhe disse que estava nos céus e que lá era o seu lugar, e também viu Nossa Senhora por cinco vezes, e também viu anjos cantarem e os cortesãos cantarem

e dançarem e outras coisas muito mais, e porque o suplicante soube com certeza que Vossa Excelência ficava cego, rogou à Senhora do Rosário para lhe dar vista. Aditou-lhe a Senhora que o suplicante fizesse a novena da paixão, a qual a fez e lhe trouxe a novena em carta fechada [...] o trataram de louco, puseram-se todos a rir, de que o suplicante ficou injuriado [...] e ser o suplicante casado com uma mulher há mais de dez anos que não sai à rua por ser entrevada ...[7]

Toda a descrição feita pelo marianense pode, contudo, ser encontrada em um conjunto imagético muito presente naquela sociedade e não restrito aos clérigos e à elite local. Ora, trata-se das descrições básicas de Dante Alighieri, autor da célebre *A Divina Comédia*[8], que João Alves de Carvalho havia lido ou, o que me parece mais provável, teria escutado de alguém que, por sua vez, teria escutado de outros e assim por diante. A *Comédia* é, ela própria, um conjunto de cantos que relatam a viagem que Dante Alighieri teria feito aos mesmos endereços imaginários que o marianense conheceu. Junto disso, detalhes tais como o inferno dos padres e das mulheres e os castigos aplicados aos pecadores ou, ainda, o ambiente infernal constituído entre ardorosas labaredas, todos eles podem ser encontrados seja nas pinturas das paredes e dos tetos das inúmeras igrejas da região, seja nas gravuras impressas europeias, que representavam esses temas e que circularam intensamente. O protagonista dessa viagem impressionante, julgado maluco por seus contemporâneos, como ele mesmo

---

[7] A transcrição integral do documento encontra-se em PAIVA, Eduardo França. A viagem insólita de um cristão em Minas Gerais: um documento e um mergulho no imaginário colonial. *Revista Brasileira de História*. São Paulo, ANPUH/Contexto, n. 31 e 32, p. 353-363, 1996. Na transcrição parcial aqui apresentada preferi atualizar a grafia.

[8] Originalmente Dante Alighieri denominou-a *Comédia*, mas a partir do século XVI os editores passaram a denominar a obra de *A Divina Comédia*. Dante terminou a *Comédia* no final de sua vida, ainda no século XIV. Várias edições da obra já foram feitas, mas uma recente deve ser citada: ALIGHIERI, Dante. *A divina comédia*. (Trad.) São Paulo: Ed. 34, 1998.

diz, legou à posteridade um testemunho importante sobre a enorme influência das representações e do imaginário sobre a vida, as ideias, os valores, os desejos, os relacionamentos, os costumes, enfim, sobre as formas de representar o mundo e sobre as práticas culturais das pessoas no mundo.

Mas, nem sempre, essas representações

Essa representação do inferno, dos demônios e dos castigos recebidos pelas almas pecadoras atravessou vários séculos e chegou a todos os continentes. Não obstante as diversas adaptações ocorridas, algumas imagens, como o inferno dos padres, foram recorrentes.

que atravessaram séculos e séculos e que sustentam, hoje, muitas de nossas opiniões, muito de nosso comportamento, várias de nossas práticas culturais são explícitas ou facilmente identificáveis iconograficamente. Uma dessas representações é a da figura da mulher associada ao pecado, à tentação e ao mal, uma imagem muito antiga, de base misógina, isto é, construída sobre a aversão à atuação social das mulheres e o medo de um suposto poder feminino, ainda fortemente presente no nosso dia a dia. A origem dessa representação pode ser encontrada na Bíblia. No livro do Gênese a mulher é criada indiretamente à imagem e semelhança de Deus, a partir da costela do homem, o que, já de início, estabelece uma posição inferior conferida ao gênero feminino. Além disso, no mesmo livro, é relatada a falta cometida pela mulher, posteriormente chamada de Eva, ao ceder à sedução do mal e comer o fruto do pecado, induzindo o homem, Adão, ao mesmo delito. O mau procedimento da mulher instalou o pecado original, que, segundo a tradição cristã, todo homem traz consigo ao nascer, perdendo-o apenas por meio do sacramento do batismo instituído pelo Cristo. Além de ser culpada por um pecado eterno e renovado a cada nascimento, Eva atiçou a fúria de Deus e foi a responsável pela expulsão do homem do Paraíso e, mais ainda, pela condenação ao trabalho braçal, que garantiria a sobrevivência. Por isso, há muitos séculos a mulher tem sido vista e representada como a causadora de vários males que acometem a humanidade. Segundo o Gênesis, após tomar conhecimento da desobediência:

> Então o Senhor Deus disse à serpente: "Porque fizeste isso, serás maldita entre todos os animais e feras dos campos; - andarás de rastos sobre o teu ventre e comerás o pó todos os dias de tua vida. Porei ódio entre ti e a mulher, entre a tua descendência e a dela. Esta te ferirá a cabeça, e tu lhe ferirás o calcanhar". Disse também à mulher: "Multiplicarei os sofrimentos de teu parto: darás à luz com dores, teus desejos te impelirão para o teu marido e tu estarás sob o seu domínio". E disse em seguida ao homem: "Porque ouviste a voz de tua mulher e comeste do fruto da árvore que eu te havia proibido comer, maldita seja a terra por tua causa. Tirarás dela com trabalhos penosos o teu sustento todos os dias de tua vida. Ela te produzirá espinhos e abrolhos, e tu comerás a erva da terra. Comerás o teu pão com o suor do teu rosto, até que voltes à terra de onde fôste tirado; porque és pó, e em pó te hás de tornar.
>
> Adão pôs à sua mulher o nome de Eva, porque ela era a mãe de todos os viventes.[9]

Exatamente por conta dessa associação entre a mulher e o pecado é que ela também foi tomada como agente do mal e até mesmo como manifestação humanizada do próprio demônio. Imagens de várias épocas apresentam a serpente da árvore do Paraíso com o rosto de uma mulher, assim como em inúmeras representações do diabo lhe são atribuídos seios. Na representação da morte de um pecador, reproduzida acima,

---

[9] *Bíblia Sagrada*. Tradução dos originais mediante a versão dos Monges de Maredsous (Bélgica) pelo Centro Bíblico Católico. 62 ed. São Paulo: Ed. Ave Maria Ltda., 1988, p. 51.

Representações da serpente sob a forma de mulher, assim como do pecado de Eva e da expulsão do Paraíso são muito antigas. Essa imagem talhada em pedra podia e pode ser vista pelos fiéis e observadores antes de entrarem na igreja.

é uma mulher que agoniza na cama e não se arrepende de seus pecados na hora da morte, enquanto que no quadro do justo, um homem pio e virtuoso será encaminhado ao paraíso celeste por anjos.

A serpente com cara de mulher, enrolada no tronco da árvore produtora do fruto do pecado, é uma alegoria que precisa ser desconstruída aqui. Ora, já no livro do Gênesis fica claro que a árvore cujo fruto era proibido ao homem (e à mulher também) era, na verdade a árvore do conhecimento, aí incluído o segredo da reprodução humana, isto é, o sexo. Ao provar daquele fruto, a mulher conheceu antes do homem

O famoso pintor renascentista recorreu à imagem da serpente/mulher para compor essa cena do Gênese, vista e tomada como representação da verdade por um número inimaginável de pessoas, desde o século XVI.

o sexo e outros segredos divinos e só depois de serem duramente repreendidos por Deus é que, então, a vergonha do sexo e o medo do conhecimento se instalaram. A mulher maligna era, portanto, a que tinha o conhecimento e, inclusive, a que conhecia antes do homem e mais do que ele. Daí a misoginia histórica que aparece explicitamente na iconografia. Não é à toa que a Inquisição, essa instituição criada no século XIII e extinta no século XIX, durante seus vários séculos de existência, caçou, julgou e condenou bruxas, feiticeiras e pecadoras de maneira intensa e frequente. Novamente, tratava-se de reprimir rigorosamente um certo tipo de conhecimento interditado ao gênero humano, que alguns e, sobretudo, algumas teriam se apropriado indevida e perigosamente. Outra vez o demônio estava por traz de tudo isso e usava a mulher como instrumento importantíssimo de atuação.[10]

Até hoje, em muitos julgamentos feitos por nós, em nosso cotidiano, sem que percebamos, as mulheres são, quase que naturalmente, colocadas no lugar de culpadas por desavenças familiares; por relacionamentos aparentemente estáveis que se esfacelam; por intrigas; por arranjos amorosos e por seduções. Na verdade, trata-se de um imaginário herdado de um longo processo histórico-cultural incorporado às nossas noções de relacionamento, aos nossos valores e às nossas práticas cotidianas. As serpentes com rostos de mulher e os diabos com seios há muito foram substituídos por alegorias mais legíveis para nossa época. Foram substituídas, por exemplo, pelas imagens de belas mulheres, de corpos anorexamente

---

[10] Ver sobre o assunto, entre muitos outros autores, DELUMEAU, Jean. *Le péché et la peur; la culpabilisation en Occident (XIIIe-XVIIIe siècles).* Paris: Fayard, 1983; GINZBURG, Carlo. *O queijo e os vermes; o cotidiano e as ideias de um moleiro perseguido pela Inquisição.* (Trad.) São Paulo: Companhia das Letras, 1987; MOTT, Luís. *Rosa Egipcíaca; uma santa africana no Brasil.* Rio de Janeiro: Bertrand Brasil, 1993; SOUZA, Laura de Mello e. *O diabo e a Terra de Santa Cruz; feitiçaria e religiosidade popular no Brasil colonial.* São Paulo: Companhia das Letras, 1986; VAINFAS, Ronaldo. *Trópico dos pecados; moral, sexualidade e inquisição no Brasil.* Rio de Janeiro: Campus, 1989.

perfeitos, de olhares e de gestos irremediavelmente sedutores, instigantes e indutores. As imagens de mulheres realizadas profissionalmente, independentes, autônomas e dominadoras, atributos essencialmente masculinos até há pouco tempo atrás, que por isso repelem os homens e são, então, fadadas à infelicidade sentimental, são outras dessas imagens icônicas misturadas a outras figurações que provêm de longa tradição. Afinal, é um outro tipo de castigo para quem ousou, novamente, subverter uma ordem pretensamente natural, assim como em um passado mitificado Eva o teria feito.

Mas não seria correto apresentar aqui apenas essas representações das mulheres. Já nos primeiros séculos da era cristã há uma tendência à construção de imagens de anti-Eva para as mulheres ou, pelo menos, para certos tipos de mulher. Na Europa, a partir do século IX e, mais tarde, em outras partes do mundo, intensifica-se o culto à Virgem Maria e às suas inúmeras variações baseadas em atributos, grupos de proteção e em regiões onde teria aparecido. Entre outras tantas evocações da Virgem pode-se citar as de Nossa Senhora das Neves; da Conceição; do Ó; da Boa Morte; do Rosário; das Mercês; das Dores; das Graças; da Piedade; dos Navegantes; do Carmo; de Nazaré; de Fátima; de Guadalupe; Aparecida.

Nossa Senhora da Conceição

Nossa Senhora do Rosário

Nossa Senhora do Carmo

*Nossa Senhora
das Dores*

*Virgem de
Guadalupe*

A imagem do culto mariano era de uma mulher pia, virtuosa, protetora, materna, contrária às representações e às figurações mentais associadas a Eva, da qual, como insiste em nos lembrar a antiga ainda muito conhecida e recitada oração Salve Rainha, somos "degradados filhos".[11] Da Virgem Maria descendia o Salvador e não os pecadores. A ela foi destinada a Revelação e a Anunciação e não, como no caso de Eva, o conhecimento indevidamente apropriado.[12]

Nossa Senhora da Piedade

Portanto, o modelo de mulher correta e socialmente desejável passava a ser associado ao da Virgem Maria, inclusive sexualmente. A mulher honesta casava-se e procriava, renunciando ao prazer. É daí que surge o estereótipo da "santa mãezinha", assexuada, pura, protetora, dedicada, solidária,

---

[11] A oração Salve Rainha tem provável origem no século XI. Foi incluída no texto das Constituições Primeiras do Arcebispado da Bahia, de 1707 e permanece sendo, ainda hoje, recitada cotidianamente por grande número de fiéis católicos. A Salve Rainha é exemplar para que se possa refletir sobre as permanências das imagens e sobre os mecanismos que possibilitam extensões como essa na longa duração temporal.

[12] Sobre o culto à Virgem Maria ver BOYER, Marie-France. *Culto e imagem da Virgem*. (Trad.) São Paulo: Cosac & Naify, 2000.

Aqui, também, as imagens de demônios evocam o feminino e o hermafrodita.

como nos esclarece Mary Del Priore.[13] Durante a época medieval, durante o período chamado de Renascimento e mesmo durante o barroco, um dos temas mais pintados e esculpidos foi a Virgem e

Demônio com seios: entre o gênero feminino e o hermafroditismo.

o Menino Jesus. Sempre maternal e protetora, a mãe de Cristo aparece como exemplo para as mulheres dessas épocas e para outras em tempos posteriores. Quase que invariavelmente, à Maria associavam-se símbolos da fertilidade, como a romã ou o cacho de uvas, por exemplo, ou era representada amamentando o rebento divino. É seguindo esse modelo, ainda que parcialmente modificado, que se inspira a alegoria da República e da Liberdade, inicialmente na França e, depois, nos Estados Unidos, no Brasil e em vários outros países. Já não era mais a mãe do Cristo representada, mas a mãe revolucionária dos novos cidadãos do mundo. Ainda assim, permanecia o ideário da mulher/mãe que conduzia, provia e protegia seus filhos/povo, muito próximo do imaginário cristão sobre a mãe de Deus. As duas eram e continuam

---

[13] Ver PRIORE, Mary Del. *Ao sul do corpo: condição feminina, maternidades e mentalidades no Brasil Colônia*. Rio de Janeiro/Brasília: José Olympio/Edunb, 1993 e PRIORE, Mary Del. (Org.) *História das mulheres no Brasil*. São Paulo: Contexto, 1997.

A Marianne, alegoria da República Francesa, representando os ideais de fertilidade nacional e de segurança para os cidadãos.

Uma imagem medieval do culto da Virgem Maria, carregando no colo o Menino Jesus.

sendo apresentadas, ainda que menos intensamente, como salvadoras dos homens![14]

Evidentemente, as representações da mulher que hoje temos e consumimos são mais diversas que essas antigas imagens aqui sublinhadas. Mesmo no passado havia outras representações do gênero feminino. Mas o recorte procedido teve como objetivo demonstrar como a iconografia e as figurações de memória podem complementar-se e, em um tempo de longa duração, permanecer, como já disse antes, determinando julgamentos,

A liberdade coroa o Tiradentes, que a República elevou à condição de herói nacional.

A representação da República, como uma mulher forte, saudável, virtuosa e redentora.

---

[14] Ver sobre o tema AGULHON, Maurice. *Marianne au combat; l'imagerie et la symbolique républicaines de 1789 a 1880*. Paris: Flammarion, 1979, p. 167-172 e CARVALHO, José Murilo de. *A formação das almas; o imaginário da República no Brasil*. São Paulo: Companhia das Letras, 1990, p. 75-96.

formas de organização social, visões de mundo, valores, práticas cotidianas e podem, ainda, determinar a construção de outras representações. Além disso, claro, o intuito era demonstrar como algumas dessas representações gestadas, impostas e alimentadas pela Igreja, desde muitos e muitos séculos atrás, ajudaram, e bastante, a controlar e a formatar o comportamento de homens e mulheres em várias partes do mundo.

As imagens, portanto, podem ter longa vida. E isso não é primazia das que surgiram vinculadas às religiões. Muitas imagens, tanto iconográficas quanto de memória, de grupos sociais, de momentos históricos, de eventos, de sociedades inteiras inscrevem-se nessa duração temporal alongada, ora cultivadas e preservadas, ora combatidas. É, como veremos a seguir, o quadro onde se encaixam inúmeras imagens do Brasil, construídas ao longo de séculos, atraindo, simultaneamente, esforços de manutenção e de transformação. O resultado desse movimento, em boa medida, são as ideias e as representações que temos hoje de nós mesmos, de nosso passado e de nosso futuro.

CAPÍTULO III

Cenas do Brasil – séculos XVIII, XIX e XX

A partir do século XVIII, as possessões portuguesas na América conheceram um vertiginoso processo de desenvolvimento, muito mais veloz e mais intenso do que se conhecia até então. O ouro, descoberto em grande quantidade no interior da América portuguesa, no final do século XVII, proporcionou e fomentou inicialmente as frenéticas e abrangentes transformações ocorridas. Já nas primeiras décadas do século XVIII, a região mineradora, chamada genericamente de sertão e habitada até então apenas pelos índios, apresentava um perfil completamente diferente e, por isso, determinava mudanças nas outras partes da extensa colônia lusitana no Novo Mundo. As relações políticas internas e externas foram rapidamente adaptadas à nova situação. Afinal, o Brasil tornou-se um dos maiores produtores de ouro do mundo nesse período, senão o maior deles. O controle dessa produção deveria ser, como se pode imaginar, extremamente rigoroso, impedindo o contrabando e garantindo a tributação real. Para tanto, um Estado centralizado, forte militar e administrativamente, instalou-se rapidamente, em quase tudo contrário ao que caracterizara sua atuação na Colônia até o fim dos anos seiscentos. A economia transformou-se radicalmente. Enquanto a produção açucareira das capitanias de Pernambuco e da Bahia enfrentava uma crise de produção e de exportação, o ouro fez com que o centro econômico do Brasil se transferisse para o sul, mais precisamente para a região que ficou conhecida como Minas Gerais. Rapidamente, ao contrário do que se imagina no geral, a economia se diversificou nessa região, deixando de depender exclusivamente da mineração e passando a contar com os recursos gerados pelo comércio, pelas atividades agrícolas e pela pecuária e, ainda, pelos serviços, pela administração e pelas atividades artesanais. A vida nas Minas e, também, em várias outras regiões coloniais baseava-se não mais no campo, mas, sobretudo, nas áreas urbanas, constituídas de arraiais (que eram núcleos urbanos, às vezes bastante importantes e populosos para a época), vilas e algumas poucas cidades. A população da América portuguesa aumentou rapidamente a partir da imigração de muitos portugueses, mas, principalmente, por conta da entrada de muitas dezenas de milhares de escravos africanos e do nascimento de outras dezenas de milhares de escravos no Brasil. O universo cultural da Colônia é naturalmente incrementado e se torna muito complexo, instigando trocas de experiências, de conhecimentos e de tradições, acentuando conflitos e distinções e possibilitando a formação de uma sociedade biológica e culturalmente mestiça.[1]

Tudo isso, acabou inaugurando novas formas de viver e de se relacionar desconhecidas ou pouco praticadas na América portuguesa antes do *boom* da mineração. O enorme número de mestiços (mulatos, pardos, cabras, caboclos) e a grande população forra (ex-escrava) e seus descendentes são dois aspectos muito importantes para que possamos compreender as peculiaridades desse período, bem como para entendermos melhor como somos hoje. Em boa medida, as características emergidas, assim como traços e práticas culturais, relações políticas e econômicas, religiosidade e comportamento cotidiano ficaram registrados em imagens produzidas nesse período. O que segue agora é um exercício de leitura dessa ainda pouco estudada dimensão do complexo processo histórico brasileiro,

---

[1] Sobre essa temática ver PAIVA, Eduardo França. *Escravidão e universo cultural na Colônia; Minas Gerais, 1716-1789*. Belo Horizonte: EdUFMG, 2001 e PAIVA, Eduardo França; ANASTASIA, Carla Maria Junho. (Orgs.) *O Trabalho Mestiço: maneiras de pensar e formas de viver – séculos XVI a XIX*. São Paulo: Annablume, 2002.

a partir de algumas imagens selecionadas. O que se verá é que, por vezes, pequenos detalhes podem significar chaves para exames aprofundados; que comparações entre imagens e entre elas e outros documentos podem revelar aspectos camuflados dessa história; que porções importantes dessa realidade passada estão apenas sugeridas nessas imagens e que elas nunca vêm com uma espécie de legenda definitiva, por meio da qual o leitor, seja qual for a sua época, poderá lê-las e compreendê-las. As representações iconográficas, assim como qualquer outro documento, repito, são lidas sempre no presente, por meio de filtros e de chaves, para continuar fazendo uso dessas metáforas, que pertencem ao presente, pelo menos na maioria das vezes. Por isso, elas adquirem novos significados a cada nova leitura, a cada nova época, e por isso também elas oferecem novas respostas às novas indagações que são colocadas. Nem a imagem que pretendeu ser a mais fiel das cópias de uma realidade qualquer jamais o será, assim como acontece com qualquer interpretação historiográfica. Há sempre a arbitrariedade, a parcialidade e as escolhas do observador e do historiador, o que garante, sempre, olhares e versões diferentes sobre um mesmo objeto.

Não obstante sabermos então que é impossível reproduzir uma realidade qualquer da maneira como pretensamente ela teria sido, até o século XIX foi muito comum entre os artistas pretenderem transportar uma realidade para seus quadros, aquarelas e esculturas. Influenciados por uma tradição renascentista de copiar o real, como se ele existisse em si, apenas naquilo que pode ser visto, muitos artistas brasileiros e estrangeiros buscaram reproduzir a vida cotidiana no Brasil. Evidentemente não conseguiram. No entanto, registraram porções importantes daquela realidade e registraram, também, em muitos casos, seus próprios valores, os valores da época em que viveram e observaram o cotidiano retratado e os problemas que se colocavam e que chamavam a atenção e o olhar dele, o artista. É nesse emaranhado de questões e de possibilidades que as imagens que seguem foram produzidas e que, agora, *a posteriori*, são lidas.

Carlos Julião, originário de Turim, foi um militar que prestou serviços à coroa portuguesa no Brasil, no fim do setecentos. Essa posição permitiu que ele andasse por várias regiões brasileiras nessa época, o que era interditado a estrangeiros, e que registrasse em imagens as realidades observadas. Seu interesse em retratar detalhadamente o cotidiano de escravos e libertos, principalmente as mulheres, fundava-se, certamente, no estranhamento. Isto é, baseava-se no fato de ver tantos entre eles e elas, com bastante autonomia, desfrutando de mobilidade, com possibilidade de ascensão econômica e social, com poder de compra notável, morando em sobrados e em boas casas térreas nas áreas urbanas das Minas Gerais, do Rio de Janeiro e da Bahia. Por isso, esmerou-se em desenhar

Os desenhos de Julião são registros importantes sobre a profusão de tecidos e trajes usados pela população colonial no Brasil e sobre a vida cotidiana dessa gente.

esses homens e essas mulheres em plena atividade, registrando inúmeras formas de trabalho praticadas por eles, assim como se preocupou em reproduzir a indumentária e os ornamentos que ostentavam, com todo seu colorido original. Nesse caso, seu testemunho é importante demonstração de como circulavam pela região os mais variados tipos de tecido fabricados em várias partes do mundo, o que dá a importância adquirida pelo mercado colonial, notadamente o mineiro, e revela o nível de integração comercial existente. Esses aspectos podem ser observados nas imagens que seguem, com exceção, claro, do colorido reproduzido pelo artista italiano.

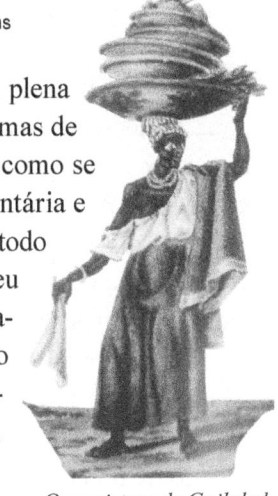

Os registros de Guilobel são ricos em informações sobre as ocupações e as formas de trabalho no Brasil do início do século XIX.

Se compararmos com os desenhos aquarelados de um outro artista contemporâneo a Julião, o militar, cartógrafo, topógrafo e arquiteto português Joaquim Cândido Guilobel, vamos perceber preocupações e formas muito semelhantes. Também este último desenhou os "tipos" comuns das ruas do Rio de Janeiro e de São Luís do Maranhão, entre 1812 e 1822, e dedicou especial atenção às formas de trabalho exercidas por homens e por mulheres negros e mestiços, escravos, libertos e livres pobres. Muitas das estratégias de trabalho se repetem no registro dos dois artistas. Mesmo que a cópia de trabalhos anteriores fosse atitude comum nessa época, a repetição provavelmente é reflexo de atividades que eram recorrentes nesses grupos sociais e que, em boa medida, transformaram-se em ferramentas importantes por meio das quais, por exemplo, muitas alforrias de escravos foram conseguidas.[2]

Mas Carlos Julião registrou personagens envolvidas em outros tipos de atividade além do trabalho, mantendo sua predileção por retratar as mulheres negras, talvez impressionado pela mobilidade vivenciada por elas. Mostrou, por exemplo, um grupo dessas mulheres pedindo doações para a Festa de

---

[2] As aquarelas do artista italiano foram reproduzidas em JULIÃO, Carlos. *Riscos illuminados de figurinhos de brancos e negros dos uzos do Rio de Janeiro e Serro Frio*. Rio de Janeiro: Fundação Biblioteca Nacional, 1960. As aquarelas de Guilobel não foram publicadas em álbum. Sobre o cotidiano de escravos de forros nas regiões urbanas do Brasil escravista ver, entre muitos outros autores, ALGRANTI, Leila Mezan. *O feitor ausente; estudos sobre a escravidão urbana no Rio de Janeiro – 1808-1822*. Petrópolis: Vozes, 1988; DEBRET, Jean Baptiste. *Viagem pitoresca e histórica ao Brasil*. (Trad.) Belo Horizonte/São Paulo: Itatiaia/EDUSP, 1989, 3v; DIAS, Maria Odila L. S. Nas fímbrias da escravidão urbana: negras de tabuleiro e de ganho. *Estudos Econômicos*. São Paulo, n. 15 p.167-180, 1985; EWBANK, Thomas. *Vida no Brasil ou Diário de uma visita à terra do cacaueiro e da palmeira - com um apêndice contendo ilustrações das artes sul-americanas antigas*. (trad.) Belo Horizonte/São Paulo: Itatiaia/EDUSP, 1976; LIBBY, Douglas Cole; PAIVA, Eduardo França. *A escravidão no Brasil; relações sociais, acordos e conflitos*. São Paulo: Moderna, 2000; OLIVEIRA, Maria Inês Cortes de. *O liberto: o seu mundo e os outros; Salvador, 1790/1890*. São Paulo: Corrupio/CNPq,1988; PAIVA, Eduardo França. *Escravidão e universo cultural na Colônia; Minas Gerais, 1716-1789*. Belo Horizonte: Ed. UFMG, 2001; PAIVA, Eduardo França. *Escravos e libertos nas Minas Gerais do século XVIII; estratégias de resistência através dos testamentos*. São Paulo: Annablume, 1995; RUGENDAS, João Maurício. *Viagem pitoresca através do Brasil*. Belo Horizonte/São Paulo: Itatiaia/EDUSP, 1979; SILVA, Marilene Rosa Nogueira da. *Negro na rua: a nova face da escravidão*. São Paulo: Hucitec, 1988.

Nossa Senhora do Rosário. Embora ele as tenha chamado de escravas, parece que entre elas existiam forras também, dados os adereços, a indumentária e a postura representados. Ainda assim, deve-se salientar que, mesmo enquanto escravas, essas mulheres possuíam roupas, sapatos, adornos e joias como se pode ver no desenho do militar viajante. Ao contrário do que se pensa genericamente, os vestidos, as pulseiras, colares e brincos de ouro usados por elas eram, na maior parte das vezes, delas mesmas e não do(a) senhor(a). Evidentemente, isso foi muito mais comum entre as forras. Entre ambas, essa ostentação significou, contudo, bem mais que vaidade. E isso se pode ler nas imagens produzidas por Julião e por outros, a partir de indagações que a nova historiografia cultural tem permitido. Na verdade as negras retratadas já estavam ali representando antes do artista registrá-las sobre o papel. Suas vestimentas não são uma invenção do artista. Elas usavam indumentária desse tipo, assim como os sapatos e as joias. No conjunto e individualmente elas representavam sua autonomia, sua autoridade cultural, religiosa e familiar, sua alforria e a inserção distinguida naquela sociedade escravista colonial.

Para além do mais aparente, essa representação de Julião expressa a mobilidade e a autonomia experimentadas por mulheres escravas, forras e por suas descendentes livres, no Brasil dos séculos XVIII e XIX.

Isso, claro, o artista não viu, nem era o seu objetivo, mas o historiador, *a posteriori,* pode vislumbrar esse quadro por meio das imagens produzidas no passado.

Outra aquarela de Carlos Julião é particularmente rica para a discussão aqui proposta. Trata-se da mulher negra, provavelmente forra, retratada na prancha XXXV de seu Álbum. Como se pode observar na reprodução abaixo, a mulher está elegantemente vestida, traz na cintura, presa em um cinto, uma penca de balangandãs e na mão esquerda um rosário. Da mesma forma como ocorria no universo cultural da América portuguesa, essas duas diferentes tradições coexistiam lado a lado, às vezes se misturando, se complementando, às vezes se distinguindo, se superpondo. Novamente, não é o artista que quer passar essa ideia, mas é uma leitura possível, feita posteriormente pelo historiador. Ora, a penca de balangandãs evoca a herança africana e afro-brasileira, enquanto o rosário simboliza o catolicismo. Não há antagonismo nem contradição aí, como certamente outra historiografia – a marxista – sentenciaria, o que seria natural, dentro da perspectiva dessa tendência histórica. Há, ao meu ver, complementariedade, hibridismo e impermeabilidade, coexistência (não necessariamente harmônica e pacífica) entre universos culturais distintos, tudo ao mesmo tempo, tudo no mesmo *locus*. Essa mulher negra é uma alegoria perfeita da complexidade e da pluralidade do universo cultural da Colônia (isso o artista certamente

Diferentes tradições culturais coexistem nessa representação, assim como coexistiram no dia a dia da população colonial brasileira, sem, necessariamente, se manterem em conflito.

constatou), matriz de muito do que hoje somos e de boa porção de nosso comportamento cotidiano.[3]

Essas imagens respondem as perguntas que a elas são feitas, assim como qualquer outra fonte. É necessário, portanto, saber fazer as indagações e saber escutar as respostas dadas pelo documento. Revelar toda essa mobilidade física e cultural, esses códigos sociais, essas histórias de hibridismo e de impermeabilidade só é possível a partir das questões colocadas aos testemunhos pela historiografia da cultura. Não que os historiadores ligados a outras tendências não pudessem fazê-lo ou não tivessem capacidade para isso. Não é essa a questão. Na verdade, as tendências historiográficas têm seus procedimentos, seus modelos, seus conceitos e as suas questões principais. Têm, ainda, suas próprias inquietações, seus objetivos, seus valores e suas críticas a outras maneiras de estudar a história. Os resultados dessas distintas historiografias também são, evidentemente, diferentes, assim como não são os mesmos fenômenos sociais os escolhidos preferencialmente para serem estudados. Isso, mais que natural, é salutar e é o que torna a História um campo de conhecimento que não cessa de se renovar, de se transformar e de se autoanalisar.

É possível, portanto, que épocas diferentes leiam a mesma pintura (ou qualquer outro documento) de formas

---

[3] Discuti essas questões de maneira mais aprofundada e mais detalhada no meu *Escravidão e universo cultural na Colônia*. Ver, sobretudo, o Capítulo I. Ver sobre o assunto GARCIA, Clara; MEDINA, Manuel Ramos. (Orgs.) *Ciudades mestizas: intercâmbios y continuidades en la expansión accidental. Siglos XVI a XIX. Actas del 3er. Congresso Internacional Mediadores Culturales*. México: Condumex, 2001; GRUZINSKI, Serge. *O pensamento mestiço*. (Trad.) São Paulo: Companhia das Letras, 2001; LOREIRO, Rui Manuel; GRUZINSKI, Serge. (Coord.) *Passar as fronteiras. II Colóquio Internacional sobre Mediadores Culturais - Séculos XV a XVIII*. Lagos, Portugal: Centro de Estudos Gil Eanes, 1999; PAIVA, Eduardo França; ANASTASIA, Carla Maria Junho. (Orgs.) *O Trabalho Mestiço: maneiras de pensar e formas de viver – séculos XVI a XIX*. São Paulo: Annablume, 2002; QUEIJA, Berta Ares; GRUZINSKI, Serge. (Orgs.) *Entre dois mundos: fronteras culturales Y agentes mediadores*. Sevilla: Escuela de Estudios Hispano-Americanos de Sevilla, 1997.

completamente diversas e, por isso, tenham entendimentos absolutamente contrários sobre ela. *Venda em Recife*, uma litografia de Johann Mortiz Rugendas[4] é uma imagem muito difundida e sempre foi tomada como exemplo da importância do comércio nas regiões urbanas coloniais e da circulação das pessoas nas ruas dessas vilas e cidades. Mas é o olhar da historiografia mais recente, principalmente a cultural, que vê nesse famoso desenho dimensões menos explícitas. É possível, por exemplo, a partir da complexidade sociocultural em torno de uma venda, registrada por Rugendas, constatar vários mecanismos de mestiçagem cultural e biológica. A primeira observação é um convívio cotidiano intenso entre senhores brancos, escravos e forros proprietários de escravos; entre brancos, índios, negros e mestiços; entre adultos e crianças; entre religiosos e prostitutas; entre guardas de milícias e os chamados "vadios" ou plebe desordeira. Essa aparente desordem hierárquica, marcada pelo desregramento e pela promiscuidade, tinha, no entanto, suas próprias formas de organização. O comércio tratava de impor suas normas e, na verdade, se olharmos sob esse aspecto, tudo parece funcionar perfeitamente dentro e fora da venda. Há uma nítida separação entre, por exemplo, o que se vende lá dentro e o que se negocia na rua. Enquanto o frade, dentro da venda, leva à boca um copo com refresco, água ou até mesmo um pouco de vinho, na rua, mais precisamente na esquina, uma mulher negra parece vender um colar à sinhazinha que se encontra na sacada da parte superior do sobrado. Pausa para os prazeres mundanos lá dentro, circularidade de culturas cá fora. O colar de contas, depositário de tradições culturais africanas e afro--brasileiras, parece agradar à moça branca, que, ao usá-los,

---

[4] Johann Moritz Rugendas (Augsburg, 1802 – Weilheim, 1859) desembarcou no Brasil em 1822, com a famosa missão do barão de Langsdorff. Ficou até 1825 no país e, alguns anos mais tarde, voltou novamente. Seu livro *Voyage pittoresque dans le Brésil* foi publicado em Paris, contendo os desenhos que ficaram famosos. Ver RUGENDAS, João Maurício. *Viagem pitoresca através do Brasil*. Belo Horizonte/São Paulo: Itatiaia/EDUSP, 1979. Ver, também, MARTINS, Carlos. (Org.) *Revelando um acervo*. São Paulo: Bei Comunicação, 2000.

dará a ele, claro, novos significados, mas, também, contribuirá para a manutenção de práticas culturais populares. As diferentes cores das contas eram dedicadas aos diversos deuses africanos. A moça branca, certamente católica, sem saber contribuía assim para a afirmação da religiosidade afro-brasileira.

Ainda que a composição do desenho seja uma criação arbitrária de Rugendas, toda essa diversidade e todo esse dinamismo representados existiam concretamente e foram incontáveis vezes mencionados na documentação manuscrita da época. Portanto, não se corre o risco aqui de tornar realidade histórica uma invenção "sem pé nem cabeça", feita por um desenhista que queria brincar com a realidade, no seu presente e no futuro. Não são irreais, por exemplo, os dois jiraus de madeira os quais os escravos se apóiam e colocam suas cestas de frutas. Eles certamente estão ali porque esse era um procedimento comum. De forma idêntica, o índio (índia?) desacordado na soleira da porta era cena corriqueira nesses tempos e nessas regiões onde a população indígena não foi exterminada totalmente. O garoto no balcão é importante agente de dinamização e de trânsito social, quando leva e traz mensagens e artigos, quando faz circular informações, quando faz a mediação entre universos culturais distintos. Já a negra que conversa com o oficial militar, com seu pano da Costa jogado sobre o ombro, tradição e tecido africanos, estabelece naquele momento mais um espaço de sociabilidade, assim como o casal negro à direita, os negros e o frade esmolante à esquerda, os frequentadores da venda lá dentro e as mulheres que discutem sobre o colar de contas.

Rugendas compôs uma cena idealizada, mas a partir daquilo que ele costumava ver no Recife, no Rio de Janeiro, nas Minas Gerais. Sua pretensão realista – de certa forma bem sucedida, pelo menos para o historiador da cultura – é coroada pelos cães que na primeira cena rosnam e disputam o terreno, quase fazendo com que o observador escute os ruídos vindos da fervilhante venda recifense e de seu entorno.

Nessa venda do Recife estão presentes toda a mobilidade das sociedades urbanas brasileiras do período colonial e do Império, assim como a coexistência das diferentes tradições culturais e o contato de variadas categorias entre os diversos grupos sociais.

Os ecos chegaram à historiografia brasileira deste início de milênio, não há dúvidas.[5]

Como já disse antes, *Venda no Recife* me permite fazer uma reflexão, ainda que rápida, sobre a historiografia brasileira mais recente. A litografia (e poderia ser outra imagem qualquer) é o pretexto para que eu possa demonstrar como os tempos e os valores desses tempos, assim como os seus historiadores, leem as imagens – icônicas ou figurações de memória – do passado, sublinhando alguns aspectos, desconhecendo e desconsiderando outros. Os objetivos que o artista queria alcançar quando produziu a imagem vão, quase sempre, perdendo-se

---

[5] Os textos de Jorge Coli vêm contribuindo de maneira significativa para a exploração da iconografia enquanto fonte importante para o historiador. Ver COLI, Jorge. Primeira missa e invenção da descoberta. In: NOVAES, Adauto. (Org.) *A descoberta do homem e do mundo*. São Paulo: Companhia das Letras, 1998, p. 107-121 e COLI, Jorge. A pintura e o olhar sobre si: Victor Meirelles e a invenção de uma história visual no século XIX brasileiro. In: FREITAS, Marcos Cezar de. (Org.) *Historiografia brasileira em perspectiva*. São Paulo: Contexto, 1998, p. 375-404.

com o passar dos tempos, mas há tentativas de recuperá-los *a posteriori*. Essa, aliás, é uma das atividades desenvolvidas pelos historiadores, que, é preciso sublinhar, nunca os recuperam de maneira absoluta e integral. Feita a ressalva, é o que vou fazer – espero ter êxito – a partir das imagens reproduzidas à frente.

Antes, porém, de passar aos novos registros icônicos, são necessárias algumas palavras sobre a mestiçagem no Brasil e sobre como no século XIX, principalmente nesse período, ela foi desvalorizada e indesejada. Depois de demonstrar como a multiplicidade e a dinâmica cultural brasileira é devedora do século XVIII, é importante sublinhar como o oitocentos, racional, cientificista, secular, desqualifica e desabona o processo de mestiçagem cultural no país. Isso se dá a partir de certos conceitos que se tornam importantes, que vão se vulgarizando e que, em alguns casos, permanecem vigorando ainda hoje. Claro que se dá, também, a partir do interesse de uma elite política e intelectual em negar esse aspecto importante do processo histórico brasileiro. Mas os conceitos aos quais me referia são fundamentais para se compreender melhor a situação. Um deles é o de civilização e um outro é o seu oposto, isto é, o conceito de barbárie. Seus grandes divulgadores no século XIX são os antropólogos evolucionistas, chamados assim por terem aplicado a ideia de evolução das espécies à sociedade humana, e também, os darwinistas sociais, que partiam do pressuposto da origem humana ligada a espécies essencialmente diferentes. Uns e outros se apropriavam da teoria desenvolvia por Charles Darwin, que explicava a evolução das espécies animais e vegetais (*A origem das espécies*, 1859), aplicando-a aos quadros sociais e à história humana. De uma maneira geral, esses antropólogos acreditavam que os povos poderiam ser classificados em etapas evolutivas: mais atrasados, menos atrasados, evoluídos; sempre no sentido do mais simples ao mais complexo. A ideia de raças humanas (absolutamente criticada hoje, pois a raça humana é única e as diferenças são culturais) com origem única ou diversa e em graus diferentes de evolução está na base dessas proposições antropológicas.[6] Traduzindo em outros termos teríamos os selvagens/bárbaros (expressões e ideias bastante antigas, mas ressignificadas naquele momento) e os civilizados. Isso se traduz, ainda, nas ideias de atraso e de progresso, contemporâneas e bastante caras aos historiadores positivistas da época e, posteriormente, nas de centro e de periferia, muito apreciadas pelos historiadores, sociólogos, economistas, juristas, demais intelectuais e políticos marxistas.

O esquema de comparação cultural era bastante simplório entre evolucionistas, darwinistas sociais, positivistas e seus seguidores. A história das nações é um bom exemplo para entendermos essas premissas de explicação da humanidade. Eram muito comuns as análises que pressupunham uma Europa civilizada, principalmente países como Inglaterra e França, em oposição a outros países do mundo, localizados em diferentes estágios da escala evolutiva ou do progresso. Comparava-se, portanto, os costumes dos outros povos com os costumes dos europeus, pretensamente civilizados. Quanto mais se assemelhassem à história e às formas de viver dos europeus, mais próximos da civilização as outras culturas estariam. Esse procedimento, de uma maneira geral, não relativizava, nem contextualizava essas culturas "não civilizadas". Portanto, nesse tipo de julgamento, os povos dos trópicos e os povos mestiços, por exemplo, seriam civilizados apenas quando adquirissem padrões, comportamento e perfis europeus.

Uma parte substancial da elite brasileira, assim como de outros países da América Latina, concordava com essas opiniões e esses julgamentos e passou a adotar essas ideias em seus respectivos países. No caso brasileiro, claro, era

---

[6] Sobre esses temas ver SCHWARCZ, Lilia Moritz. *O espetáculo das raças; cientistas, instituições e questão racial no Brasil, 1870-1930*. São Paulo: Companhia das Letras, 2001, p. 47-70.

necessário embranquecer para civilizar. Mas como fazer com que o povo brasileiro se tornasse branco e civilizado se havia milhões de negros e mestiços, resultado de séculos de escravidão, regime abolido em 1888? Esse foi um dos dilemas que acompanharam os partidários da imprescindível civilização/europeização do Brasil. Esse era um tipo de pensamento etnocêntrico, que desqualificava, como já se viu, o outro, isto é, aquele que não era parte do centro de onde se observava, se falava e se julgava. Era imprescindível mudar os rumos da história do país, esquecer o passado escravista e clarear, a todo custo, seu presente e seu futuro.

Os brasileiros amantes da civilização europeizada, imbuídos desse eurocentrismo, não aceitavam ser considerados menos civilizados por terem nascido e por viverem em um país mestiço e pobre. Isso, ainda que o Brasil fosse uma monarquia ligada às casas reais europeias até 1889, e, de um outro ponto de vista, ainda que fosse uma jovem república, partidária, pelo menos teoricamente, das ideias mais modernas da política e da administração. O incentivo à entrada de grandes levas de trabalhadores europeus brancos, na segunda metade do século XIX, ainda no período da monarquia, foi uma política adotada para isso. Um dos objetivos era substituir o trabalhador negro e mestiço pelo europeu, o que significava, a médio e longo prazos, a possibilidade de embranquecer a população, notadamente as camadas mais populares. Junto a isso, intentava-se pretensamente prover essas camadas populares brasileiras, no mesmo prazo, de certa cultura, de valores, de práticas religiosas à moda europeia. Os imigrantes italianos, portugueses e espanhóis, de tradição católica, eram os preferidos, mas também chegaram em grande quantidade os alemães e, mais tarde, os japoneses. Era o perfil populacional e cultural que se queria para o Brasil do futuro século XX.

A mestiçagem, contudo, não cessou e, mantendo uma longa tradição, passou a incorporar, cada vez mais, novas dimensões, novas lógicas, novas dinâmicas culturais, a partir da chegada dos imigrantes europeus. Mas se a realidade histórica se dava assim, não era o que se via nos discursos e nas representações sobre esse Brasil mestiço que se pretendia civilizar. Ao contrário, várias representações iconográficas indicavam o futuro alvo do Brasil e tornavam o mestiço degenerado (conceito dos darwinistas sociais, que se opunha ao de eugenia, isto é, da raça pura), um personagem exótico, do passado atrasado brasileiro, do interior "caipira" do país, um personagem de uma sub-raça condenada à extinção no Brasil moderno.

O Brasil salvo pela civilização e pelos agentes civilizadores mais importantes, os brancos, é a mensagem que uma das pinturas mais representativas desse período e desse pensamento pretende passar e, efetivamente, passa. Trata-se da tela intitulada *A redenção de Can*, pintada pelo espanhol Modesto Brocos Y Gomes, em 1895, que segue reproduzida. Aqui, a mestiçagem comandada pelo agente branco transforma-se na solução para o grande problema nacional, assim como preconizara havia várias décadas o naturalista alemão Karl Friedrich Philipp von Martius.[7] Observemos, então, a pintura.

Mas, qual é o significado do título dado à tela? Can, um personagem bíblico, era um dos três filhos de Noé. Por ter

---

[7] O naturalista recebeu o prêmio criado em 1840, pelo Instituto Histórico e Geográfico Brasileiro, pela monografia sobre a história do Brasil baseada na mistura das três raças, o branco, o negro e o índio. Ver MARTIUS, Carl Friedrich Phillipp von. Como se deve escrever a história do Brasil. *Revista trimestral de História e Geografia ou Jornal do Instituto Histórico e Geográfico Brasileiro*, n. 24, 1845. Ver, também, GUIMARÃES, Manuel L. Salgado. Nação e civilização nos trópicos: o Instituto Histórico e Geográfico Brasileiro e o projeto de uma história nacional. *Estudos Históricos*. Rio de janeiro, n. 1, 1988, p. 5-27; IGLÉSIAS, Francisco. *Historiadores do Brasil: capítulos de historiografia brasileira*. Belo Horizonte/Rio de Janeiro: Ed. UFMG/Nova Fronteira, 2000. Sobre a pintura de Brocos Y Gomes e sobre temas adjacentes ver comentários de MARTINS, Carlos. (Cur. geral) *O Brasil redescoberto*. Rio de Janeiro: Paço Imperial/MinC IPHAN, 1999, p. 46-49 e SCHWARCZ, Lilia Moritz. *O espetáculo das raças; cientistas, instituições e questão racial no Brasil, 1870-1930*. São Paulo: Companhia das Letras, 2001, p. 11-22.

visto seu pai nu provocou a sua ira. Noé, então, amaldiçoou Canaã, filho de Can, a ser escravo de seus irmãos. Os descendentes de Canãa seriam, portanto, escravos dos parentes. A história bíblica de Can foi usada como justificativa para a escravização dos negros africanos, a partir do século XVI. A escravidão purificaria os pecadores e poderia lhes permitir a salvação da alma.

Modesto Brocos Y Gomes transporta a história para a realidade brasileira, récem-saída da escravidão, e, também, para sua tela, uma composição carregada ainda de referências e de valores europeus. Ele quis pintar o Brasil, sua história de hibridismo e seu futuro civilizado. Para tanto evoca, inclusive, ícones cristãos, que dariam maior legitimidade e maior apelo às ideias transformadas em imagem no quadro. A redenção do personagem bíblico, que era, ao mesmo tempo, a redenção do Brasil, produzia-se no seio da Sagrada Família e no nascimento do Salvador. Uma Sant'Ana negra levanta as mãos em direção ao céu e agradece o nascimento da criança branca, isto é, pura, sem pecado original. No colo de sua mãe, uma virgem mulata, e observado por seu pai, um São José entre o caboclo e o imigrante europeu, o menino ocupa o lugar principal da cena. Na verdade, ele é o Brasil jovem, novo, do futuro, pintado à moda renascentista, com os dedos da mão direita em forma de V, da vitória e da bênção, e na mão esquerda uma laranja (?), símbolo da fertilidade e da fartura, substituindo o cacho de uvas ou a romã ou, ainda, o pássaro, usados pelos antigos pintores do Renascimento.

O quadro é uma alegoria à pretensa civilização e ao branqueamento do Brasil, em detrimento da suposta miscigenação prejudicial ocorrida no passado da jovem nação.

É interessante que sua mãe aponta para a avó negra, como se apontasse para a origem degradada do menino, agora redimida, e ele, então, sinaliza a sua vitória e direciona sua bênção para esse passado terminado, quase extinto, remido.

No centro de toda a composição, o Brasil livre e salvo, sob a forma do Menino Jesus, evidentemente, branco. A mestiçagem é aí, e, também, no pensamento brasileiro desse final de século XIX, elevada à categoria de caminho da civilização, claro, como já disse, porque passa a ser dirigida pelo agente branco, cuja influência no processo seria determinante. E tratava-se de agentes do gênero masculino, sublinhe-se, que negavam uma certa promiscuidade mulata e feminina do passado. Esse agente civilizador, como o pai da criança na representação de Modesto Brocos, dominaria a cena com facilidade, tanto biologicamente (como se seu gene fosse o mais forte), quanto culturalmente (como se sua cultura, naturalmente, se sobrepusesse às outras). Contudo, o elemento mestiço tinha que desaparecer. A mestiçagem, então, com um sentido único, deveria embranquecer os brasileiros. O que não poderia ocorrer, como se supunha que tivesse acontecido antes, quando os elementos negro e índio dominaram quantitativamente o processo, era a mestiçagem criando ainda mais hibridismo e degeneração.

Era necessário sanar o Brasil das doenças, dos vícios e da barbárie que o passado lhe impusera. Nessa perspectiva, um país que se queria moderno e civilizado não podia permanecer mulato e indolente. Mas o Brasil moderno estava nas cidades, aliás nas maiores cidades, que não eram tantas, nem tão grandes assim naquele período. O brasileiro do interior, sobretudo o mestiço, mas também o branco pobre, precisava se modernizar, se transformar, se educar. É nessa época que algumas imagens, que ficariam famosas mais tarde, começam a representar esse homem bronco e doente do interior brasileiro, que contrastava com a imagem de um brasileiro idealizado, civilizado e moderno. Em 1893, antes mesmo de Brocos Y Gomes, José Ferraz de

A série de pinturas sobre o modo de ser e de viver caipira, segundo Almeida Júnior, expressa o ambiente híbrido, biológica e culturalmente, que marcava e continua marcando a sociedade brasileira, tanto nas áreas rurais, quanto nas urbanas.

Almeida Júnior terminava uma de suas telas mais conhecidas hoje e ainda muito divulgada. Trata-se de o *Caipira picando fumo*, pintura que integrava uma série sobre o tema, iniciada anos antes, e que continuou por mais algum tempo. O homem do campo, das matas, do Brasil arcaico chamava, realmente, a atenção do célebre pintor brasileiro. Nascido em Itu, interior de São Paulo, ele convivera intimamente com o mundo e os personagens que pintava, mas retratava-os, também, a partir de certos valores, padrões e inquietações senão adquiridos, pelo menos aguçados, durante sua primeira estada em Paris, entre 1876 e 1882. Isso não é demérito algum e nos ajuda a entender melhor essa série caipira de Almeida Júnior, se assim podemos chamá-la. Vejamos a reprodução de alguns desses quadros, em ordem cronológica de produção.

Enquanto o *derrubador* mestiço tem, visivelmente, origem indígena (talvez, também, o garoto que pesca e o homem que amola o machado) os outros personagens, sobretudo os que ele chama de caipiras, são representados de uma maneira que sua origem fica pouco evidenciada. Por vezes, os caipiras da série têm mais uma aparência de imigrantes italianos e portugueses, do que de trabalhadores mestiços do interior do Brasil. É interessante notar a ausência de mulatos e pardos, tão comuns entre a população interiorana da virada do século XIX para o XX, mesmo nas áreas rurais. Contudo, o ambiente pintado por Almeida Júnior em praticamente todas essas representações é essencialmente híbrido. Pode-se notar nelas, em momentos distintos, técnicas indígenas, utensílios afro--brasileiros e europeus, costumes já brasileiros e religiosidade popularizada. Mas, na maioria das vezes, ele pinta justamente o que a ideia de modernização e de civilização buscava extinguir, uma vez que esse conjunto de práticas cotidianas era julgado próprio dos povos mais atrasados. O esquema evolucionista e a comparação com a Europa pretensamente civilizada não cessara, como, na verdade, ainda vigora.

Almeida Júnior era um homem de seu tempo, como de resto todos somos. Ainda que interessado por uma certa simplicidade do interior, que parecia cultivar, ele pintou um dos temas que mais chamavam a atenção e incomodavam intelectuais, políticos e artistas brasileiros, como já disse. Suas pinturas não eram, então, um manifesto a favor da simplicidade e contra a ausência de relativização no emprego do conceito de civilização. Nem eram estudos que buscavam comprovar que a grande riqueza brasileira residia justamente na diversidade e na pluralidade cultural, argumento que apareceria décadas mais tarde com Gilberto Freyre. Tratava-se, portanto, de transportar para as telas representações do povo brasileiro, do passado e do futuro do país, comumente expressas por seus pares e conhecidos, que ele teve oportunidade de observar, discutir, escutar, ver e, finalmente, transformar em registros icônicos.

As telas de Almeida Júnior influenciariam, por sua vez, e durante muito tempo, a própria representação do caipira brasileiro (na verdade, até hoje influencia). Um de seus muitos admiradores famosos, Monteiro Lobato, disse certa vez sobre o pintor: "Brasileira é a sua arte. Inconfundível o seu nacionalismo".[8] Entretanto, como já salientei, não se tratava de um nacionalismo defensor das práticas e dos valores mestiços do Brasil, das bases do futuro da nação. O próprio Monteiro Lobato, certamente inspirado na obra de Almeida Júnior, criaria um de seus personagens imortais, o Jeca Tatu, exatamente para negar o homem doente do interior brasileiro. O Jeca, que aparece em um romance publicado em 1918, sofria de doenças provocadas pela pobreza, pela ignorância, pelo barbarismo, enfim.[9] O personagem era, em tudo, distante de um homem civilizado. Talvez fosse essa a sua pior doença. E seu

---

[8] Citado por SANTA ROSA, Nereide Schilaro. *José Feraz de Almeida Júnior*. São Paulo: Moderna, 1999.

[9] Ver LOBATO, Monteiro. *Urupês*. Companhia Editora Nacional, 1918. Ver, ainda, sobre o Jeca e temas afins, LIMA, Nísia Trindade. *Um sertão chamado Brasil; intelectuais e representação geográfica da identidade nacional*. Rio de Janeiro: Revan/IUPERJ/UCAM, 1999 e SCHWARCZ, Lilia Moritz. *O espetáculo das raças; cientistas, instituições e questão racial no Brasil, 1870-1930*. São Paulo: Companhia das Letras, 2001, p. 239-250.

comportamento comprometia, também o ideário do Brasil moderno. Afinal, a preguiça o acometia fatalmente, e caso não fosse tratado, medicado, curado, seu destino era sucumbir à inevitável miséria, no sentido mais amplo do termo. A alegoria era perfeita. O Jeca Tatu era o Brasil atrasado e doente que necessitava, urgentemente, de remédios eficazes.

A indolência e a preguiça marcaram a representação do mestiço no início do século XX, a essa altura já associado ou confundido, pelo menos no imaginário popular, com o caboclo, o caipira, o sertanejo. Os argumentos usados agora se diferenciavam, ainda que se assemelhassem em alguns aspectos, dos geralmente apresentados pelas autoridades coloniais, durante o século XVIII e no início do XIX. Para o Conde das Galveas, governador da Capitania das Minas Gerais em 1732, os negros e os mestiços forros eram insolentes e, também, uma espécie de mal necessário, uma vez que pagavam parcela significativa dos tributos cobrados da população.

O personagem de Monteiro Lobato expressava, de início, os males da miscigenação. Tempos mais tarde, passou a representar as doenças epidêmicas que acometiam o brasileiro do interior e o tornava preguiçoso e improdutivo.

> Senhor. O que se oferece dizer a Vossa Majestade em ordem aos negros forros é que estes ordinariamente são atrevidos, mas no mesmo tempo trabalham todos nas lavras do ouro, nas dos diamantes, nas roças e comumente faiscam para si de que se segue a Vossa Majestade a utilidade de seus quintos que seriam menos se eles não minerassem, o número desses como os não distingue a cor nem o serviço dos mais escravos não é fácil o saber-se porque não houve até agora que

o examinasse [...] os mulatos forros são mais insolentes porque a mistura que têm de brancos os enche de tanta soberba, e vaidade que fogem ao trabalho servil com que poderiam viver, e vive a maior parte deles como gente ociosa que escusa de trabalhar.[10]

Por sua vez, um dos delatores da Inconfidência Mineira, o coronel Bazilio Malheiro do Lago, deixou registrados, em testamento feito em 1809, os seguintes comentários, iniciando com sua opinião sobre a plena capacidade de seu filho e terminando com sua impressão sobre as camadas populares do Brasil – escravos, libertos, livres pobres e mestiços:

> [...] porque ele já agora na idade em que se acha de pouco mais de vinte anos, tem melhor capacidade que outros de quarenta ou mais anos, e não tem mais que o defeito de ser filho do Brasil.
>
> [...] O meu escravo por nome Bernardo nação Mina, que é tratado pelo apelido de Malheiro deixo forro, e meu filho logo assim que eu falecer, lhe passe a sua carta de liberdade, e lhe peço que [...] lhe faça o bem que lhe poder fazer, e ao mesmo liberto Malheiro lhe peço nunca deixe meu filho, pois dou esta liberdade só para me mostrar agradecido da lealdade que lhe devo; ainda que estou bem persuadido, que não é serviço de Deus forrar escravos; por que a experiência tem mostrado que forrar escravos é fazer-lhes mal, porque com a liberdade, sem temor se pervertem em toda a casta de vícios, até terem fim desastrado.[11]

Décadas depois, a intolerância com relação aos mestiços mudaria de forma e de discurso, ainda que guardasse algumas antigas imagens, mas o produto da hibridação biológica

---

[10] Arquivo Público Mineiro/Câmara Municipal de Ouro Preto, códice 35, f. 118-118v. A ortografia foi atualizada nessa transcrição parcial.

[11] Arquivo Público Mineiro/Câmara Municipal de Sabará, códice 111, f. 85v-88v. A ortografia foi atualizada nessa transcrição parcial.

A visão discriminadora sobre a população negra e mestiça aparece expressa na charge. Pode-se identificar nela um misto de sensualidade, infidelidade e degenerescência social.

e cultural continuaria sendo discriminado e o país mestiço permaneceria sendo combatido.

Ao quadro geral da discriminação do final do oitocentos, ajuntava-se o aumento do preconceito com relação ao passado luso e monárquico, escravista e colonial. Tudo isso precisava, portanto, ser apagado da memória do Brasil. Algumas vozes corajosas se levantavam contra a construção de uma memória para a jovem República com base nessas ideias e imagens depreciativas, mas nenhum desses estudos provocou, verdadeiramente, um impacto e alguma mudança na forma de ver as coisas. Não obstante, prepararam o terreno, por assim dizer, para que uma obra-prima das Ciências Sociais brasileiras pudesse vir a público em 1933. Depois de anos de pesquisas no Brasil e no exterior, o genial antropólogo pernambucano, Gilberto Freyre, apresentava a primeira edição de seu clássico *Casa Grande & Senzala*.[12]

---

[12] A primeira edição desse livro saiu em 1933, no Rio de Janeiro, pela editora Maia & Schmidt. Ver FREYRE, Gilberto. *Casa Grande & Senzala; formação da família brasileira sob o regime da economia patriarcal.* 27 ed. Rio de Janeiro: Record, 1990. Sobre a obra de Gilberto Freyre, entre tantos outros trabalhos, deve-se lembrar de MAIO, Marcos Chor. Tempo controverso – Gilberto Freyre e o Projeto da UNESCO. *Tempo Social Revista de Sociologia da USP.* São Paulo, n. 1 v. 11 p. 111-136, 1999; PAIVA, Eduardo França. De português a mestiço: o imaginário brasileiro sobre a colonização e sobre o Brasil. In: SIMAN, L. M. de C.; FONSECA, T. N. de L. e. (Orgs.) *Inaugurando a História e construindo a nação; discursos e imagens no ensino de História.* Belo Horizonte: Autêntica, 2001, p. 23-52 e SIMAN, Lana Mara de Castro; REIS, José Carlos dos. *As identidades do Brasil de Varnhagen a FHC.* 2 ed. Rio de Janeiro: Editora FGV, 1999.

Freyre, pela primeira vez no Brasil e de maneira sistematizada, a partir de análise cuidadosa e ousada, bem construída e conceitualmente fundamentada e inovadora, nega todo o pensamento em torno da degenerescência brasileira via mestiçagem racial e via colonização portuguesa. Segundo Freyre, a mobilidade e a miscibilidade lusa encontraram campo fértil no Brasil:

> O longo contato com os sarracenos deixava idealizada entre os portugueses a figura da moura-encantada, tipo delicioso de mulher morena e de olhos pretos, envolta em misticismo sexual – sempre de encarnado, sempre penteando os cabelos ou banhando-se nos rios ou nas águas das fontes mal-assombradadas – que os colonizadores vieram encontrar parecido, quase igual, entre as índias nuas e de cabelos soltos do Brasil. Que estas tinham também os olhos e os cabelos pretos, o corpo pardo pintado de vermelho, e, tanto quanto as nereidas mouriscas, eram doidas por um banho de rio onde se refrescasse sua ardente nudez e por um pente para pentear o cabelo. Além do que, eram gordas como mouras. Apenas menos ariscas: por qualquer bugiganga ou caco de espelho estavam se entregando, de pernas abertas, aos "caraíbas" gulosos de mulher. [...] Pode-se, entretanto, afirmar que a mulher morena tem sido a preferida dos portugueses para o amor, pelo menos para o amor físico. A moda de mulher loura, limitada aliás às classes altas terá sido antes a repercussão de influências exteriores do que a expressão de genuíno gosto nacional. Com relação ao Brasil, que o diga o ditado: "Branca para casar, mulata para f..., negra para trabalhar", ditado em que se sente, ao lado do convencialismo social da superioridade da mulher branca e da inferioridade da preta, a preferência sexual pela mulata.[13]

---

[13] Ver FREYRE. *Casa Grande & Senzala;* formação da família brasileira sob o regime da economia patriarcal. 27 ed. Rio de Janeiro: Record, 1990, p. 9-10.

Como contraponto ao pensamento anterior o antropólogo, influenciado pelas análises culturalistas de Franz Boas nos Estados Unidos, onde estudara, apresenta uma versão que valorizava a miscigenação ocorrida no Brasil, tratando-a, preferivelmente, a partir da cultura e não mais da raça. *Casa Grande & Senzala* representou a mudança dos paradigmas antropológicos naquele tempo. A Antropologia Física, baseada em conceitos como raça e meio, encontra grande resistência entre as novas gerações de intelectuais. É a partir daí que a Antropologia Cultural, apoiada, evidentemente, no conceito de cultura e na sua contextualização histórica, ocupa um espaço cada vez maior e mais influente no pensamento internacional.

O fato é que a partir dos anos 30, o discurso homogêneo contrário à mestiçagem sofrerá um ataque frontal a partir dos livros de Gilberto Freyre. Mas é o Movimento Modernista brasileiro que, bem antes, começara a ler o passado brasileiro de maneira muito distinta.

Essa tela de Heitor dos Prazeres sintetiza a dinâmica da miscigenação cultural no Brasil e a sua valorização durante a primeira metade do século XX.

O modernismo e o Brasil

Nas primeiras décadas do século XX, um grupo de intelectuais e artistas propôs pensar o Brasil de maneira menos influenciada pelos padrões europeus. Imbuídos de um sentimento nacionalista e revisionista, esses homens e mulheres

Retrato idealizado do célebre artista mestiço colonial. O Aleijadinho legou ao futuro obras de grande qualidade técnica e estética.

O gênio mestiço brasileiro colonial traçou a fachada de igrejas valendo-se de estilos e modelos europeus, adaptando-os ao gosto e às condições regionais.

Para talhar seu Rei Mago em madeira o Aleijadinho certamente apropriou-se de modelos vivos, características de homens negros com os quais convivia.

pretendiam revalorizar o que no passado seria originalmente brasileiro, buscando, portanto, uma matriz cultural genuína para a nação. A arquitetura, a escultura e a pintura produzidas em Minas Gerais, durante o século XVIII, pareceu-lhes conter os atributos de originalidade nacional. O chamado "barroco mineiro" era, nessa perspetiva modernista, a expressão artística nacional por excelência e reforçava essa tese o fato do mais célebre entre os artistas do setecentos mineiro ser um mulato: Antônio Francisco Lisboa, dito Aleijadinho. A proposta dos modernistas de voltar-se ao nativo, ao genuinamente nacional, encontrara nesse filho de um construtor português e de uma escrava negra um de seus maiores emblemas. Assim, a volta ao passado fundador da nação revalorizava o elemento mestiço. O gênio e o *ethos* nacionais eram mestiços!

Ver o Brasil sob essa perspectiva mestiça levou um dos mais importantes membros do movimento modernista, Mário de Andrade, a escrever no seu livro não menos famoso, Macunaíma (1928), o seguinte: *sou um tupi tangendo um alaúde*.[14] Ao criar a ideia de um nativo do Brasil tocando um antigo instrumento musical europeu, o autor sublinhava a essência mestiça de seu personagem – Macunaíma –, que era uma alegoria, ao mesmo tempo do próprio autor, de sua nacionalidade, de seu nacionalismo e do Brasil. Tudo ao mesmo tempo, tudo representado pelo personagem híbrido, em busca de identidade, na concepção de Mário de Andrade.

O famoso personagem Macunaína é a representação do Brasil mestiço.

O Brasil mestiço, visto de uma perspectiva nacionalista, antieuropeia, recebia, por parte dos modernistas, novos e revalorizados contornos históricos e culturais. O brasileiro surgido a partir desse novo olhar sobre o passado, a história e a cultura do país começam, então, a aparecer nos versos e na prosa, na música, nas esculturas, mas, principalmente, nas telas dos pintores do movimento. De uma maneira geral, o que ocorre é o que se pode chamar de resgate do brasileiro genuíno, elevado agora à condição de referência, de origem de uma certa brasilidade construída por esses intelectuais e artistas. Hoje, esse conceito seria, certamente, muito criticado, sobretudo por conta da pluralidade cultural brasileira que ele exclui, assim como o conceito de nacional o faz. Mas, no início do século XX, não era esse o entendimento daqueles que se consideravam, inclusive, vanguarda – outro desses conceitos que são historicamente datados – e que, por isso, devem ser compreendidos no contexto onde se inserem e onde têm significados claros.

A Semana de Arte Moderna, ocorrida em 1922, em São Paulo, foi um evento muito importante para as pretensões

---

[14] Ver ANDRADE, Mário de. *Macunaíma. O herói sem nenhum caráter*. São Paulo: Allca XX/EdUSP, 1996. Ver, também, o comentário sobre a ideia de Mário de Andrade feito em GRUZINSKI, Serge. *O pensamento mestiço*. (Trad.) São Paulo: Companhia das Letras, 2001.

O modernismo do início do século XX e das artes desse período é expressado por meio das pinceladas de Malfatti.

modernistas. Naqueles dias (13, 15 e 17 de fevereiro, no Teatro Municipal de São Paulo), artistas e intelectuais apresentaram ao público – principalmente ao público europeizado da época, que frequentava essas exposições – suas novas propostas estéticas, mas também sua intenção de reavaliar a história cultural brasileira e, ainda, de se apropriar dela. É claro que os resultados imediatos não poderiam conhecer outro trajeto: a exposição provocou escândalo entre os mais conservadores. Aliás, a polêmica com os modernistas envolveu, mesmo antes de 1922, nacionalistas de opiniões diversas, como Monteiro Lobato, por exemplo. Lobato fizera críticas ferrenhas à estética provocadora das telas de Anita Malfatti e à poesia de Oswald de Andrade.

O que se via nos escritos, na música e nos quadros modernistas estava longe do academicismo e do romantismo da arte europeia, sobretudo francesa, do fim do século XIX e do início do século XX, malgrado os movimentos modernistas europeus já existirem e já apresentarem uma estética também muito distinta. Formas, cores e dimensões muito distanciadas do gosto cultivado pela elite brasileira do início do século XX: isso é o que se apresentou na Semana de Arte Moderna de 1922. Por esse motivo esse movimento foi tão impactante, mas, também, porque o que estava sendo apresentado era

O quadro é um exemplo do academicismo das artes plásticas do século XIX.

muito diferente daquilo que o público da época geralmente buscava nas artes.[15]

A década de 20 do novecentos e as seguintes foram tempos de significativas reflexões sobre o Brasil, seu passado, seu presente e seu futuro. O país começava a experimentar os ventos da modernidade capitalista. Era necessário, então, além de modernizar a economia, estender essas mudanças ao pensamento, à *intelligentsia,* à política e às artes brasileiras. Não é sem razão que uma das mais importantes editoras do país, a tradicional Companhia Editora Nacional, encampou o projeto de publicar a Coleção Brasiliana, um conjunto significativo de livros que refletiam sobre o Brasil, seus problemas, sua história e, também, apresentavam projetos para o país que se pretendia construir para as novas gerações. Mas foi no domínio das artes que se construíram as novas imagens do Brasil – tanto as icônicas, quanto as figurações de memória –, talvez com mais eficácia do que qualquer outro campo de atuação nesse período. Uma artista referencial a partir daí foi Tarsila do Amaral, ela, também, uma modernista convicta, esposa de outro grande nome do movimento, Oswald de Andrade. Em 1923, Tarsila terminava uma tela muito significativa e bastante reveladora do pensamento daquele grupo. Tratava-se de *A negra*, óleo sobre tela, que hoje pertence ao Museu de Arte Contemporânea da Universidade de São Paulo. A referência feminina, talvez pudéssemos dizer

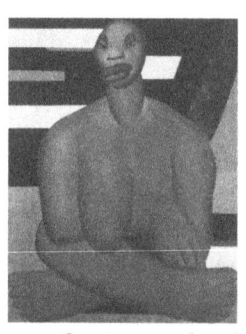

O universo cultural híbrido brasileiro marca as obras de Tarsila e de outros artista modernos do período.

---

[15] Ver sobre esse tema HELENA, Lúcia. *Modernismo brasileiro e vanguarda.* 2 ed. São Paulo: Ática, 1989 e TELES, Gilberto Mendonça. *Vanguarda europeia e modernismo brasileiro; apresentação dos principais poemas, manifestos, prefácios e conferências vanguardistas, de 1857 a 1972.* Petrópolis: Vozes, 1985.

o modelo tomado para a produção do quadro, a expressão do nacional escolhido, foge completamente do padrão europeizado que até então predominara. Nessa tela e em outras de Tarsila, o Brasil aparece com outras caras. Nesse caso, talvez, ela tenha se inspirado, pelo menos algumas vezes, em José Ferraz de Almeida Júnior. Aliás, segundo Nereide Schilaro Santa Rosa, a pintora recebeu de seu pai o quadro *Violeiro*, de Almeida Júnior, já reproduzido antes, em que uma mulher mulata é retratada cantando prazerosamente.[16]

Em *A negra* (1923); *Abaporu* (1928); *O ovo (Urutu)* (1928); *Operários* (1933); *2ª classe* (1933), as proporções, as dimensões, as figurações e mesmo a coloração são mestiças. O ambiente evocado é sempre relacionado a ícones, objetos, natureza, formas indígena, negra ou híbrida. O objetivo é o de não apresentar numa perspectiva exótica, ainda que, por vezes, esse aspecto se faça presente, sobretudo quando se constata que ela e

---

[16] Ver SANTA ROSA, Nereide Schilaro. *José Ferraz de Almeida Júnior*. São Paulo: Moderna, 1999, p. 30.

outros membros do grupo guardam certa influência do pensamento, das artes e dos padrões produzidos na Europa, mesmo que, nesse caso, se pense nas tendências mais recentes da época. O afã de valorizar o que tinha sido desprezado durante muito tempo levou-os, em vários momentos, a reduzirem a diversidade do universo cultural brasileiro, inclusive negando e menosprezando o que ele tinha de influências europeias. Assim, os modernistas assumem posições opostas às existentes entre as gerações anteriores à sua, mas quase chegando ao extremo oposto, isto é, radicalizando o verniz nacionalista.

Vários outros artistas modernistas representaram o brasileiro e, sobretudo, a brasileira em seus quadros, mas, também, a paisagem urbana e rural, o ambiente natural, tudo, de certa maneira, idealizadamente brasileiro. Isto é, retratava-se o que era, na visão do grupo e da época, claro, essencialmente o Brasil, ainda que hoje essa seja uma ideia bastante discutível e muito pouco aceitável. Essa essência de brasilidade tem, afinal, uma existência profundamente imaginária, ideológica e estereotipada. O mestiço é o resultado do processo histórico-cultural brasileiro, mas nem tudo é mestiço, como já disse antes. É necessário, sempre, lembrar que há porções culturais que permanecem impermeáveis ao novo e à associação a esse novo, ainda que, historicamente, não existam culturas puras. Como já defini em outra oportunidade, universo cultural é algo evidentemente muito amplo e muito complexo. Essa curta expressão, que emprego aqui também,

> esconde muitas possibilidades e significados. Talvez, a primeira ideia associada a essa noção seja a de um amplo conjunto de diferentes e diferenças, em movimento constante, misturando-se, mas, também, chocando-se, antagonizando-se, superpondo-se, em ritmos que às vezes são lentos e outras vezes são velozes, de maneira harmoniosa e/ou conflituosa, dependendo de épocas e de regiões, dos protagonistas e de seus objetivos. Fusões, superposições e recrudescimento de diferenças,

tudo isso se processa, claro, numa espécie de via de mão dupla, para continuar usando figuras de retórica. Isto é, esse processo não corre em um único sentido, mas é constituído a partir de intervenções dos vários grupos sociais, que se influenciam continuamente, mesmo que um ou alguns entre eles imponham-se, mais frequentemente e a partir de seu maior poderio, sobre os outros. No período colonial brasileiro, brancos, negros, indígenas e mestiços, subdivididos em grupos menos abrangentes, que demarcavam diferenças internas, como, por exemplo, homens e mulheres, velhos e jovens, ricos e pobres, construíram um mundo marcado pela pluralidade e pela mobilidade. Tradições reforçadas e repetidas, mas também recriadas e adaptadas na Colônia, através dos contatos cotidianos entre esses grupos, suas diversas origens e seus diferentes posicionamentos sociais.[17]

O movimento cultural indicado para o período colonial, esse que conforma o universo cultural brasileiro, é integralmente válido para as épocas posteriores. Portanto, é preciso tomar cuidado para não transformar o mestiço, em todos os sentidos, em um agente singularizador e reducionista dessa mesma base plural da cultura e da história. Sobretudo ele, um resultado direto da diversidade.

Os quadros dos pintores modernistas e de outros artistas que não se vincularam diretamente ao movimento, tanto antes, quanto depois de 1922, ajudaram a rever as posições de antimestiçagem existentes, mas foram, ao mesmo tempo, importantes divulgadores de um Brasil estereotipadamente mestiço. Isso vai ser indelevelmente marcante para o padrão de beleza brasileira, sobretudo da beleza feminina, bem como para a festa à brasileira, digamos assim. No primeiro caso, a mulata torna-se o ícone do belo por excelência na estética brasileira, enquanto, no segundo caso, os ritmos, a dança

---

[17] Essa definição apareceu em PAIVA, Eduardo França. *Escravidão e universo cultural na Colônia; Minas Gerais, 1716-1789.* Belo Horizonte: Ed. UFMG, 2001, p. 31-32.

e os rituais de origem afro-brasileiros definem as imagens da alegria, das celebrações, da descontração nacionais, expressadas em salões e nas ruas. As imagens produzidas por Lasar Segall (um russo, naturalizado brasileiro) e por Heitor dos Prazeres (um negro), entre os anos 20 e 40 do século XX, alimentam, ainda que não necessariamente de maneira direta, o imaginário que a música popular expressava e continuaria expressando, abrangendo um universo muito mais amplo. "A mulata é a tal", não era à toa e já fazia tempo![18]

Expressões culturais populares, como música e dança de origens afro-brasileiras, são valorizadas nas artes.

Alberto da Veiga Guignard foi outro desses célebres pintores que captou e que expressou essa nação mestiça brasileira. Em vários de seus quadros, o ambiente barroco e bucólico da origem da nação, como queriam os modernistas, aparece em primeiro plano e, às vezes, ao fundo. A paisagem, então, era aquela produzida no passado, por diferentes artistas e por influências estéticas e técnicas já misturadas na época. Além de ser uma escolha pessoal, claro, retratar aquele distante, tranquilo e pacato

Nos anos 30 do século XX as expressões culturais afro-brasileiras continuam despertando a atenção dos artista do período.

---

[18] Sobre o tema, numa perspectiva comparada entre o Brasil e o Caribe hispânico, ver QUINTERO-RIVERA, Mareia. *A cor e o som da nação: a ideia de mestiçagem na crítica musical do Caribe hispânico e do Brasil (1928-1948)*. São Paulo: Annablume, 2000.

(o que, efetiva e historicamente não foi) mundo barroco, foi também uma opção associada aos valores daquela época e aos problemas colocados por ela.

Nas representações do Brasil, Guignard voltou ao universo cultural miscigenado e ao passado barroco.

A série de pinturas de Alfredo Volpi, sobretudo dos anos 50, que retrata negros e mulatos é, ainda que tardiamente, um testemunho da construção em vigor de uma brasilidade/nacionalidade mestiça. O país que se modernizava rapidamente no período, econômica, política e culturalmente, continuava incomodado com esse tema, como, de resto, continua ainda. Nessa época, os quadros de Emiliano Di Cavalcanti foram os que causaram maior impacto. As mulatas pintadas por esse artista, sedutoras, maliciosas, sensuais, nuas e seminuas, imbuídas de "dengues, quindins e embelegos", para retomar Gilberto Freyre,[19]

---

[19] Ver FREYRE, Gilberto. *Casa Grande & Senzala; formação da família brasileira sob o regime da economia patriarcal*. 27 ed. Rio de Janeiro: Record, 1990.

consolidam e aquecem o imaginário popular em torno da essência mestiça do brasileiro.

Os exemplos de pinturas, esculturas, gravuras, desenhos poderiam se multiplicar aqui e se estender por épocas posteriores, mas o objetivo é menos fazer esse

As telas de Di Cavalcanti consolidam um padrão de beleza e de sensualidade mestiça brasileira.

inventário e mais pensar a mestiçagem e a construção de uma certa brasilidade a partir dessas representações. Assim, não é necessário ampliar esse rol. O que temos reproduzido já é suficiente para podermos perceber claramente como uma diversidade de dimensões se encontra imbricada e como esse processo plural influencia a produção das representações icônicas.

E, também, como essas imagens construídas passam a fomentar outras imagens e figurações de memória, assim como práticas, formas de organização, julgamentos e emprego de técnicas.

Como fontes passíveis de exame pelo historiador, as representações icônicas são de uma riqueza impressionante, nem sempre explícita, mas, ao mesmo tempo, e como qualquer outra fonte, sedutoramente perigosas.

Mulheres mestiças em uma cena do cotidiano privado.

As imagens, icônicas e figurações de memória, portam armadilhas que precisam ser desbaratadas pelo historiador, pelo professor de História e, também, pelo observador menos especializado. O maior desses perigos, talvez, seja tomá-las como "certidões visuais"[20], retratos fiéis, absolutos, "verdadeiros", de um evento, de uma época, de costumes e, ainda, das próprias representações e dos discursos construídos no passado sobre esses acontecimentos e essas práticas. Outro risco que se corre sempre é o do anacronismo, o maior dos pecados, por assim dizer, que um historiador pode cometer. Isto é, ler a imagem, a representação, sem relativizá-la no tempo, é lê-la a partir de valores, de padrões e de certos conhecimentos que não existiam na época em que foi produzida ou não fazia parte do universo cultural de onde ela provém. Esses procedimentos anacrônicos são, com efeito, mais comuns do que se imagina e na maior parte das vezes ocorre involuntariamente, sobretudo entre os não especialistas. O desconhecimento do passado e uma lógica evolutiva introjetada em nossos pensamentos mais corriqueiros, que nos faz julgar o passado sempre como mais atrasado que o presente, são dois dos fatores responsáveis por esses olhares anacrônicos sobre as representações antigas. Outro desses fatores, talvez, o mais pernicioso, é o julgamento ideológico que, por vezes, se faz no presente sobre os registros iconográficos do passado. É, por exemplo, decretar que tal ou tal imagem deve ser ignorada porque não estaria expressando valores políticos e culturais cultivados pelo observador. Outros perigos existem e é sobre eles que o próximo capítulo deste livro pretende tratar.

---

[20] Ver COLI, Jorge. Primeira missa e invenção da descoberta. In: NOVAES, Adauto. (Org.) *A descoberta do homem e do mundo*. São Paulo: Companhia das Letras, 1998, p. 107-121 e COLI, Jorge. A pintura e o olhar sobre si: Victor Meirelles e a invenção de uma história visual no século XIX brasileiro. In: FREITAS, Marcos Cezar de. (Org.) *Historiografia brasileira em perspectiva*. São Paulo: Contexto, 1998, p. 375-404.

CAPÍTULO IV

Armadilhas iconográficas: duas imagens sedutoras

Gostaria de apresentar dois exemplos, entre tantos outros possíveis, de construção e de uso da iconografia na História. Acredito que eles poderão me ajudar neste esforço explicativo. Escolhi dois conhecidos artistas do século XIX e duas de suas obras para poder refletir mais sobre o uso da iconografia na História e sobre sua riqueza informativa, assim como sobre os perigos e as armadilhas que a cercam. O primeiro desses artistas é o famoso Victor Meirelles, brasileiro, pintor acadêmico, que concebeu o monumental quadro *Primeira missa no Brasil*, em 1861. Arrisco-me a dizer que todos nós já vimos a reprodução dessa tela em algum lugar, pelo menos uma vez. É, sem dúvida, uma das imagens mais reproduzidas em livros didáticos de História, por exemplo. Enfim, quase todos nós conhecemos a *Primeira missa no Brasil*, ainda que, talvez, nem todos façamos a ligação automática entre o título e a imagem em nossa memória. Pois bem, para pintá-la, o artista foi buscar os modelos na leitura da carta de Pero Vaz de Caminha, aconselhado por Araújo Porto Alegre, também pintor e membro do Instituto Histórico e Geográfico Brasileiro, o IHGB. A tela foi apresentada pela primeira vez em 1861, em Paris. Ela já apareceu como se fosse uma certidão de nascimento visual do Brasil. A partir dela, o que foi a invenção do pintor, as cores, as formas da natureza, o altar, a devoção dos índios já dispostos à conversão, a autoridade europeia em terras tropicais, a composição harmônica da cena, tudo passou a ser o registro visual da inauguração da nação brasileira.[1] É como se a verdade se instalasse absolutamente a partir da tela, tanto histórica, quanto plasticamente. Malgrado a beleza e a refinada técnica da obra, ela, assim como tantas outras que experimentaram trajetória similar, não são, nem poderiam ser, o retrato de uma realidade ou da forma que ela teria sido verdadeiramente. Mas isso não a faz menos apreciável, nem a torna desprezível aos olhos dos historiadores. Ao contrário, trata-se de um registro extremamente rico sobre as intenções oficiais de se inventar, de se criar uma identidade histórica para a jovem nação, que se tornara independente em 1822. Era preciso inventar o Brasil e seu passado. Pois bem, isso ocorreu por meio dos pincéis de Victor Meirelles e de outros tantos importantes pintores oitocentistas brasileiros. Mas como a História, os historiadores e os professores de História se encaixam nessa trama? Ora, em boa medida, foram eles que, no decorrer do século XIX e do século XX, investiram a obra da autoridade histórica da verdade. Isto é, foram os historiadores e os professores de História desse período que, não indagando criticamente essa e outras fontes, não as desconstruindo, endossaram essa imagem "verdadeira" da inauguração do Brasil. Essa tela foi

---

[1] Ver sobre o tema COLI, Jorge. Primeira missa e invenção da descoberta. In: NOVAES, Adauto. (Org.) *A descoberta do homem e do mundo.* São Paulo: Companhia das Letras, 1998, p. 107-121 e COLI, Jorge. A pintura e o olhar sobre si: Victor Meirelles e a invenção de uma história visual no século XIX brasileiro. In: FREITAS, Marcos Cezar de. (Org.) *Historiografia brasileira em perspectiva.* São Paulo: Contexto, 1998, p. 375-404. Ver, também, sobre o assunto FONSECA, Thaís Nívia de Limas e. "Ver para compreender": arte, livro didático e a história da nação. In: SIMAN, L. M. de C. & FONSECA, T. N. de L. e. (Orgs.) *Inaugurando a História e construindo a nação; discursos e imagens no ensino de História.* Belo Horizonte: Autêntica, 2001, p. 91-121; PAIVA, Eduardo França. De português a mestiço: o imaginário brasileiro sobre a colonização e sobre o Brasil. In: SIMAN, L. M. de C. & FONSECA, T. N. de L. e. (Orgs.) *Inaugurando a História e construindo a nação; discursos e imagens no ensino de História.* Belo Horizonte: Autêntica, 2001, p. 23-52 e SIMAN, Lana Mara de Castro. Pintando o descobrimento: o ensino de História e o imaginário de adolescentes. In: SIMAN, L. M. de C.; FONSECA, T. N. de L. e. (Orgs.) *Inaugurando a História e construindo a nação; discursos e imagens no ensino de História.* Belo Horizonte: Autêntica, 2001, p. 149-170.

pintada na segunda metade do século XIX, portanto, quase quatrocentos anos após o evento retratado ter pretensamente ocorrido, pelo menos da forma como ficou descrito. Muito recentemente, sobretudo com as discussões em torno dos 500 anos da chegada de Pedro Álvares Cabral e incentivados pelas celebrações ocorridas em 2000, é que estudos sobre esse tema começaram a circular e a ser publicados. Entretanto, não tenho dúvidas sobre a continuidade desse procedimento, praticado por inúmeros brasileiros, aí incluídos muitos historiadores e professores de História. É necessário mudar esse quadro!

A cena elaborada no século XIX, torna-se uma espécie de certidão visual da história da chegada dos portugueses no Novo Mundo.

O mais impressionante na história da apropriação dessa tela pelo imaginário coletivo nos últimos cento e poucos anos posteriores à sua produção é que para a maioria de nós ela aparece como possivelmente contemporânea à chegada dos portugueses, em 1500. É como se na esquadra de Cabral, além do famoso Pero Vaz de Caminha, que escreveu a carta descrevendo as novas terras, houvesse, também, um pintor oficial, que teria retratado *in loco* a missa da conquista. Para inúmeras gerações de brasileiros, esse evento assim como seus personagens e seu ambiente foram, exatamente, da forma como se pode admirar na pintura de Meirelles.

Vale a pena frisar alguns aspectos, uns implícitos e outros explícitos, que compõem a representação da *Primeira Missa no Brasil*. Algumas dessas observações, é verdade, aparecem nos vários estudos sobre essa e outras imagens produzidas pelos pintores acadêmicos do século XIX, que vêm sendo realizados nos últimos tempos. Tomo-as de empréstimo aqui, agregando-as a outros aspectos complementares. Um elemento indevidamente introduzido por Meirelles foi o coqueiro pintado à esquerda da cruz. No afã de dotar sua imagem de uma realidade histórica incontestável, o que na época não era nada de estranho, tanto para os historiadores, quanto para os que pintavam a história, o artista ajuntou à exuberante mata costeira das terras conquistadas uma das árvores símbolo do Brasil: o coqueiro. Ora, o coqueiro não é original dessas terras, para espanto, creio, de grande número de pessoas ainda hoje. Assim como uma enormidade de frutas, ervas e de outras árvores que se tornaram genuinamente brasileiras no imaginário popular, o coqueiro foi trazido da Índia pelos portugueses – ajudados pelos religiosos, como os jesuítas –, que organizaram um verdadeiro laboratório de culturas, intercambiando conhecimentos, alimentos, costumes e representações entre a Ásia, a África, a Europa e o Novo Mundo. O coqueiro, portanto, não poderia fazer parte da cena de Meirelles. Contudo, o fato de estar lá é um dos argumentos possíveis para que, hoje, associemos imediatamente uma praia despovoada, coberta por um coqueiral, como "uma praia virgem", como costumamos dizer.[2] Por isso,

---

[2] Sobre a introdução do coqueiro e de outros vegetais no Brasil pelos portugueses e pelos jesuítas, ver MELLO, Evaldo Cabral de. Uma Nova Lusitânia. In: MOTA, Carlos Guilherme. (Org.) *Viagem incompleta. A experiência brasileira (1500-2000). Formação: histórias.* São Paulo: Editora SENAC São Paulo, 2000.

também, é que o coco oriental ficou sendo conhecido entre nós como coco da Bahia.

Mas, novamente, a iconografia que nos leva a esse tipo de armadilha pode nos conduzir, ao mesmo tempo, para novas dimensões da história, às vezes desconhecidas ou pouco divulgadas. O coqueiro, por exemplo, não obstante ser alienígena à cena, coloca-nos a questão importantíssima da circularidade de culturas já nos primeiros anos do século XVI. Poderíamos dizer mesmo, tomando de empréstimo uma expressão cunhada pelo historiador francês Serge Gruzinski,[3] que estavam sendo produzidas naquela época as primeiras levas de mundialização cultural. Além disso, essa é uma excelente oportunidade para refletirmos sobre a dinâmica social das apropriações, por vezes equivocadas, que marcam a construção e a consolidação das imagens e das representações em nosso dia a dia. A partir daí, compreendendo-se melhor esse fenômeno histórico, não fica difícil, por exemplo, relativizar nossas posições e opiniões comuns sobre a condição selvagem e bárbara dos nativos do Novo Mundo, em oposição a um pretenso caráter europeu civilizado, que se impunha naturalmente sobre o universo atrasado dos índios.

Já o segundo exemplo que escolhi se inscreve em dimensão distinta. Não se trata mais da criação de uma visão oficial da nação. Agora abordarei a representação de uma mulher negra do século XIX, vendedora ambulante, que foi desenhada pelo famoso pintor francês Jean Baptiste Debret, durante o período em que residiu no Brasil, também no século XIX. É uma aquarela das menos conhecidas de Debret: *Negra tatuada vendendo caju*, datada de 1827. O artista registra uma cena muito comum nas áreas urbanas do Brasil escravista.

---

[3] Entre outros textos desse autor ver GRUZINSKI, Serge. *La guerra de las imágenes. De Cristóbal Colón a "Blade Runner" (1492-2019)*. (Trad.) México, D. F.: Fondo de Cultura Económica, 1999 e GRUZINSKI, Serge. *O pensamento mestiço*. (Trad.) São Paulo: Companhia das Letras, 2001.

Nas ruas e largos coloniais e, depois, durante o Império, inúmeros negros e negras, mas também crioulos(as), que são os filhos nascidos no Brasil de africanos aqui escravizados, pardos(as) e mestiços de uma forma geral, fossem escravos, libertos ou nascidos livres, vendiam de tudo e prestavam todo tipo de serviço. Na prancha de Debret, a mulher que ocupa a primeira cena, provavelmente uma africana, descansa a cabeça sobre a mão esquerda. Talvez fosse um momento de descanso, talvez estivesse há horas naquele ponto esperando os compradores de seus cajus, talvez o artista tenha solicitado a uma personagem real que posasse para ele retratá-la e talvez, nesse caso, essa personagem pudesse estar triste por uma infinidade de motivos ou mesmo cansada, o que parece ter ficado registrado nessa aquarela. A diversidade de situações é enorme e as possibilidades de análise também o são.

A mesma negra retratada por Debret ou idealizada por ele a partir de sua atenta e perspicaz observação da realidade brasileira traz à cintura uma penca de balangandãs. Essa coleção de penduricalhos, durante muito tempo, não passou aos olhos historiográficos de exóticos adornos usados pelas escravas e pelas libertas, sobretudo na Bahia e no Rio de Janeiro. Hoje se sabe que não se trata de um ornamento apenas, mas que eram amuletos e objetos que simbolizavam uma série de conquistas femininas, como, por exemplo, a alforria individual e familiar, a ascensão econômica e a preservação de valores culturais africanos e afro-brasileiros.[4] Sobretudo as forras usaram essas pencas também em outras regiões brasileiras, como em Minas Gerais e em Pernambuco. E é bem possível que a negra retratada por

---

[4] Ver sobre o assunto LODY, Raul. *Pencas de balangandãs da Bahia; um estudo etnográfico das joias-amuletos.* Rio de Janeiro: FUNARTE/Instituto Nacional do Folclore, 1988; PAIVA, Eduardo França. *Escravidão e universo cultural na Colônia – Minas Gerais, 1716-1789.* Belo Horizonte: EdUFMG, 2001 e PAIVA, Eduardo França. 500 anos de hibridismo e impermeabilidade culturais no Brasil: os *passeurs culturels.* In: COSENTINO, F. C.; SOUZA, M. A. de. *1500/2000 Trajetórias.* Belo Horizonte: UNP, 1999, p. 11-20.

Debret fosse, na realidade ou na ficção, uma africana alforriada. Como era comum nesse período, ela própria deve ter comprado sua liberdade, pagando à vista ou parceladamente – por meio da coartação[5] – o valor pedido pelo proprietário.

Bem, recentemente, um historiador da arte chamado Rodrigo Naves apresentou, em um livro muito interessante e bem construído, uma versão para essa cena. De acordo com ele, vê-se ali uma escrava com fadiga e sem futuro, daí a prostração preguiçosa. Vê-se, também segundo ele, uma africana alienada, entregue ao lamento de ter sido arrancada da África e trazida cativa para o Brasil, o que estaria sendo reforçado pelo pintor, que ao fundo do desenho, inclui o mar, que evoca simbolicamente a distante terra natal.[6] Ora, essa é uma leitura extremamente conservadora não apenas da cena, mas da história da escravidão no Brasil. Para começar, o autor incorre em um procedimento que se deve evitar: a vitimização dos agentes históricos. Para comprovar seu argumento, ele busca na representação de Debret tudo aquilo que a historiografia brasileira sobre a escravidão reproduziu sem fazer a devida crítica, desde o final do século XIX até, pelo menos, os anos 80 do século XX. Só muito recentemente uma nova historiografia consegue ver mais em representações como essa de Debret. Por exemplo, o trabalho autônomo de vários escravos e escravas que perambulavam pelas ruas brasileiras. E mais. Uma rede de sociabilidade construída e mantida nas ruas, inclusive com a efetiva participação de homens e mulheres brancos(as); a formação de grupos familiares, cujos membros trabalhavam juntos no dia a dia e que misturavam parentes e não parentes, escravos e ex-escravos; a formação de uma enorme população

---

[5] Ver sobre o assunto PAIVA, Eduardo França. *Escravos e libertos nas Minas Gerais do século XVIII; estratégias de resistência através dos testamentos*. São Paulo: Annablume, 1995.

[6] Ver NAVES, Rodrigo. *A forma difícil; ensaios sobre arte brasileira*. 2. ed. São Paulo: Ática, 1996.

alforriada nas áreas urbanas, desde, pelo menos, o início do século XVIII; a complexidade da vida, das relações e da dinâmica cultural no período escravista, o que serviu como antídoto ao famoso banzo dos africanos e impediu muitos dos potenciais suicídios, tão alardeados por uma historiografia tradicional. Finalmente, esses novos estudos conseguem perceber dimensões menos explícitas de toda essa complexidade a partir de códigos, de símbolos e de alegorias, como é o caso dos balangandãs trazidos em penca, em sua cintura, pela negra desenhada por Debret.

A cena, captada com perspicácia por Debret, é um registro da vida dinâmica experimentada por escravos e libertos nas áreas urbanas do Brasil escravista.

Uma leitura mais atenta e atualizada dessas representações oitocentistas explicita, então, a importância da iconografia para as novas gerações de historiadores brasileiros. De uma tristeza sem fim e de uma preguiça atroz pretensamente esboçadas por essa negra sem futuro, passamos, pois, a ver, talvez, uma pausa no intenso trabalho cotidiano de mulheres que, como ela, nunca foram apenas vítimas e muito menos se vitimizaram na mesma intensidade que a historiografia *a posteriori* o fez, indevidamente. Esse provável momento de descanso da negra vendedora de cajus, que ostenta na penca os símbolos de suas conquistas e de seus esforços, seus sucessos e, também, alguns de seus malogros, remete-nos, então, a outros aspectos daquela realidade. Aspectos que, sublinhe-se, têm contribuído, e muito, para que uma história do Brasil, parcialmente desconhecida até agora, apareça recentemente, trazendo novos parâmetros de análise, novas demandas metodológicas, novas fontes a serem exploradas por professores de História, por historiadores e por seus alunos. Essas novas versões primam pelo trabalho minucioso de arquivo e por uma capacidade ampliada de relativização histórica e cultural, além, é claro, de apresentarem com competência uma leitura respeitosa dos "diferentes", do "outro" em nosso passado e em nosso presente.

Algumas palavras como conclusão

A partir da segunda metade do século XX, o mundo começou a viver um período inédito. Nunca se havia convivido tão intensamente e de maneira tão dependente com as imagens e, depois dessa época, com imagens cada vez mais rápidas, mais bem definidas e mais vivas, por assim dizer. Evidentemente, o cinema e, mais tarde, a televisão foram os grandes responsáveis por essas mudanças radicais. O mundo se torna mais próximo, digamos, a partir dessa nova realidade. A banalização do computador e o advento da internet, muito mais recentes, acentuaram essa revolução, assim como o culto das imagens entre nós. O estrondoso choque que representou o ataque de 11 de setembro de 2001 às torres do World Trade Center, em New York, nos Estados Unidos, pode servir de exemplo, ainda que trágico. Sem a menor intenção de diminuir as proporções desse atentado e sem querer menosprezar o sentimento de dor dos norte-americanos e dos familiares dos mortos, é preciso lembrar, inicialmente, que essa não foi a maior das tragédias ocorridas nem mesmo no século XX, se podemos realmente mesurá-las. Mas, certamente, as imagens assistidas ao vivo de um canto a outro do mundo deram uma proporção ao acontecimento que nunca se vira antes. Todo o poder simbólico das torres para a cidade e o país, toda a representação de potência e poder ruíam diante dos olhos incrédulos de bilhões de pessoas, simultaneamente, em todos os cantos da Terra. Tudo isso se mostrou mais explosivo e devastador que o evento em si, voltando a insistir que não se trata aqui de torná-lo menos importante e revoltante. O fato é que a dimensão emprestada imediatamente ao acontecimento é resultado próprio de nosso tempo. Isso não seria possível há 50 anos ou até há menos tempo, nem que se quisesse dar a um evento qualquer esse caráter.

Nunca, portanto, estivemos tão dependentes da imagem como linguagem e ferramenta imprescindível de comunicação entre as pessoas. Por isso mesmo, há décadas, sem que isso esteja explícito e seja objeto de preocupação direta de todos nós, no nosso dia a dia, vimos desenvolvendo formas de leitura específicas para as demandas de nosso tempo. Lemos as imagens hoje, muitas vezes sem percebermos que estamos fazendo isso por meio de técnicas desenvolvidas coletivamente, em nosso cotidiano. E lemos com a velocidade que elas nos impõem, cada vez mais fortemente. Há uma inflação, digamos, de imagens com a qual convivemos e da qual somos parte integrante. Consumimos imagens e ingerimos representações de toda sorte, nem sempre preocupados em filtrá-las, em compreendê-las, enfim, em decidir se as incorporamos ou não. O que Bronislaw Baczko, chamou de "comunidade de imaginação"[1] se aplica aqui de maneira exata. Essa comunidade é formada por nós que, por nossa vez, somos corresponsáveis pela formação do imaginário social, aí incluídas as representações icônicas e figurações de memória, pela aceitação ou não de imagens impostas de cima para baixo e, ainda, pela construção de novas imagens e pela ressignificação de antigas. Como diz Baczko, todo imaginário é construído sobre algo que já existe, caso contrário seria condenado a uma vida sempre efêmera.

Agimos, portanto, como uma comunidade que é corresponsável pelo desenvolvimento rápido das imagens e das linguagens próprias para lê-las. Uma série de produtos e de possibilidades de usos são criados a partir dessa nova realidade

---

[1] Ver BACZKO, Bronislaw. Imaginação Social. In: Enciclopédia Einaudi. Anthropos-Homem. (Trad. port.) Vila da Maia, Portugal: Imprensa Nacional-Casa da Moeda, 1985, p. 296-332, v. 5.

visual dos últimos 50 ou 60 anos. As mais jovens gerações não podem imaginar um mundo sem a presença íntima e definitivamente incorporada de mecanismos produtores e veiculadores de imagens, tais como a TV, o computador e a internet. Vivemos, certamente, em novos tempos, que têm, evidentemente, novas formas de expressão e de compreensão dessa realidade. Esse é, entretanto, um assunto que merece outro livro e que não será abordado aqui, além dessas observações superficiais.

O objetivo de concluir este texto, partindo da premissa de que vivemos uma época diferente, com demandas, problemas e soluções igualmente distintas das que conhecíamos há algumas décadas é, principalmente, refletir sobre uma afirmação que tem aparecido com frequência nas discussões em torno desse tema. Trata-se da crença que uma eventual troca do texto pela imagem, o que não é tão evidente assim, seria, exatamente, um processo de perda de capacidade crítica e de leitura das novas gerações. Ora, talvez se tenha feito o mesmo tipo de acusação em outros momentos históricos, quando, por exemplo, a imprensa teria decretado a perda da habilidade de escrever ou o rádio e, mais tarde, a TV teriam matado o gosto das pessoas pelos saraus literários ou pela demonstração pública de erudição.

O gosto pela imagem, ainda que pretensamente excessivo, não pode ser tomado como sinônimo de perda de erudição ou de qualidade intelectual do leitor. A imagem não é, portanto, um instrumento a serviço da ignorância, como muitas vezes tem sido assim simploriamente apontada. Mesmo porque, uma leitura superficial, sem maiores reflexões, sem uma preocupação crítica, não é um procedimento restrito à iconografia e às representações imagéticas, mas pode ocorrer, tanto quanto ou até mais intensamente, quando o suporte é o texto impresso ou manuscrito. Seria a linguagem das imagens menos elaborada, então, que a linguagem textual? Seria mais fácil e, ao mesmo tempo, superficial ler uma imagem que ler um texto? Traria o texto um conteúdo mais rico e mais complexo que a imagem? Em que medida a atração e a opção pela imagem e não mais pelo texto é, real e absolutamente, uma característica de nosso tempo? Não seria a imagem um dos variados tipos de texto e como tal não demandaria técnicas de leitura específicas? Como a imagem, de maneira semelhante ao texto escrito, pode ser um instrumento por meio do qual conseguimos mergulhar na complexidade, na pluralidade e na riqueza do mundo e da história do mundo? As respostas a essas questões, ainda que não explicitadas nessas conclusões, certamente demonstrarão o quanto as imagens e a leitura delas podem nos revelar e nos auxiliar na tarefa de melhor compreender nossa história, nosso comportamento, nossas maneiras de pensar e de agir, enfim, nossas próprias vidas.

Ao finalizar este livro, espero ter demonstrado, mesmo que rapidamente, a importância da iconografia e das figurações de memória para a História e, mais especificamente, para os estudos de história cultural. Espero, também, ter demonstrado como as representações que povoam o passado e o nosso presente podem ser analisadas a partir das imagens, sejam elas raras, restritas a museus e a publicações pouco conhecidas, sejam elas as mais banais e cotidianas. Desejo, ainda, ter conseguido demonstrar que a leitura das imagens é, em certa medida, um exercício primordial de alteridade.[2] Isto é, lê-las é, também, aprender a ler o outro, a ler as referências que não são as nossas, a ler o mundo que não é o nosso e a partir daí perceber que o mundo é construído sobre semelhanças e sobre diferenças que coexistem, às vezes de maneira harmônica, outras vezes conflituosa e antagônica. Este é um exercício fundamental: descobrir o outro por meio das imagens e além dos estereótipos. Compreendê-lo, respeitá-lo e dialogar com ele, além das imagens por vezes reducionistas e simplificadoras que nos são apresentadas e que, também, construímos historicamente.

---

[2] Sobre o tema ver JOVCHELOVITCH, Sandra. Re(des)cobrindo o outro. In: ARRUDA, Angela. (Org.) *Representando a alteridade*. Petrópolis: Vozes, 1998, p. 69-82.

Álbuns, catálogos, dicionários, iconografia, pranchas

ARGAN, Giulio Carlo; FAGIOLO, Maurizio. *Guia de História da Arte.* (Trad. port.) 2 ed. Lisboa: Editorial Estampa, 1994.

BOTELHO, Ângela Vianna; REIS, Liana Maria. *Dicionário Histórico Brasil Colônia e Império.* Belo Horizonte: O autor, 2001.

BURGUIÈRE, André. *Dicionário das Ciências Históricas.* (trad.) Rio de Janeiro: Imago, 1993.

COREIA, Ivone. *Dicionário fundamental de Artes Visuais.* Venda Nova, Portugal: Bertrand, 1998.

CUNHA, Maria José Assunção da. *Iconografia Cristã.* Ouro Preto: UFOP/IAC, 1993.

DEBRET, Jean Baptiste. *Viagem pitoresca e histórica ao Brasil.* (trad.) Belo Horizonte/São Paulo: Itatiaia/EDUSP, 1989, 3v.

JULIÃO, Carlo. *Riscos illuminados de Figurinhos de Brancos e Negros dos Uzos do Rio de Janeiro e Serro Frio.* Rio de Janeiro: Fundação Biblioteca Nacional.

HUREAUX, Alain Daguerre de. Pourquoi une exposition Jean-Paul Laurens. In: HUREAUX, A. D. de; CARS, L. des. *Jean-Paul Laurens, 1838-1921: peintre d'histoire.* Paris/Toulouse: Musée d´Orsay/ Musée des Augustins, 1998, p. 13-22.

MARTINS, Carlos. (Cur. geral) *O Brasil redescoberto.* Rio de Janeiro: Paço Imperial/MinC IPHAN, 1999.

MOURA, Carlos Eugênio Marcondes de. *A travessia da Calunga Grande; três séculos de imagens sobre o negro no Brasil (1637-1899).* São Paulo: EdUSP, 2000.

MOURA, Carlos Eugênio Marcondes de. (Org.) *Revelando um acervo*. São Paulo: Bei Comunicação, 2000.

RUGENDAS, João Maurício. *Viagem pitoresca através do Brasil*. Belo Horizonte/São Paulo: Itatiaia/EDUSP, 1979.

SILVA, Maria Beatriz Nizza da. (Cord.) *Dicionário da História da Colonização Portuguesa no Brasil*. Lisboa/São Paulo: Verbo, 1994.

SILVA, Tomaz Tadeu da. *Teoria cultural e educação; um vocabulário crítico*. Belo Horizonte: Autêntica, 2000.

VAINFAS, Ronaldo. (dir.) *Dicionário do Brasil Colonial (1500-1808)*. Rio de Janeiro: Objetiva, 2000.

Bibliografia

ALGRANTI, Leila Mezan. *O feitor ausente; estudos sobre a escravidão urbana no Rio de Janeiro – 1808-1822.* Petrópolis: Vozes, 1988.

ALIGHIERI, Dante. *A divina comédia.* (trad.) São Paulo: Ed. 34, 1998.

AGULHON, Maurice. *Marianne au combat; l'imagerie et la symbolique républicaines de 1789 a 1880.* Paris: Flammarion, 1979.

ANDRADE, Mário de. *Macunaíma. O herói sem nenhum caráter.* São Paulo: Allca XX/EdUSP, 1996.

ARIÈS, Philippe. *L'homme devant la mort.* Paris: Seuil, 1977.

ÁVILA, Affonso. *O lúdico e as projeções do mundo barroco.* São Paulo: Perspectiva, 1971.

BACZKO, Bronislaw. Imaginação Social. In: Enciclopédia Einaudi. Anthropos-Homem. (trad. port.) Vila da Maia, Portugal: Imprensa Nacional-Casa da Moeda, 1985, v. 5, p. 296-332.

BERNAND, Carmen. *Negros esclavos y libres en las ciudades hispanoamericanas.* 2 ed. Madrid: Fundación Histórica Tavera, 2001.

Bíblia Sagrada. Tradução dos originais mediante a versão dos Monges de Maredsous (Bélgica) pelo Centro Bíblico Católico. 62 ed. São Paulo: Ed. Ave Maria, 1988.

BRETAS, Rodrigo José Ferreira. *Passos da Paixão – o Aleijadinho.* Rio de Janeiro: Alumbramento, 1984.

BOYER, Marie-France. *Culto e imagem da Virgem.* (Trad.) São Paulo: Cosac & Naify, 2000.

CAMPOS, Adalgisa Arantes. *A terceira devoção do setecentos mineiro: o culto a São Miguel e Almas.* Tese de Doutorado apresentada ao Departamento de História da USP, São Paulo, 1994.

CARVALHO, José Murilo de. *A formação das almas; o imaginário da República no Brasil.* São Paulo: Companhia das Letras, 1990.

CHRISTE, Yves. *Jugements derniers.* Orléans: IDC Orléans, 1999.

COLI, Jorge. A pintura e o olhar sobre si: Victor Meirelles e a invenção de uma história visual no século XIX brasileiro. In: FREITAS, Marcos Cezar de. (Org.) *Historiografia brasileira em perspectiva.* São Paulo: Contexto, 1998, p. 375-404.

COLI, Jorge. Primeira missa e invenção da descoberta. In: NOVAES, Adauto. (org.) *A descoberta do homem e do mundo.* São Paulo: Companhia das Letras, 1998, p. 107-121.

DELUMEAU, Jean. *Le péché et la peur; la culpabilisation en Occident (XIIIe-XVIIIe siècles).* Paris: Fayard, 1983.

DIAS, Maria Odila L. S. Nas fímbrias da escravidão urbana: negras de tabuleiro e de ganho. *Estudos Econômicos.* São Paulo, n. 15, p. 167-180, 1985.

DIDI-HUBERMAN, Georges. *Devant l'image.* Paris: Éditions de Minuit, 1990.

DIDI-HUBERMAN, Georges. *O que vemos, o que nos olha.* (Trad.) São Paulo: Editora 34, 1998.

ENCICLOPÉDIA Einaudi. Signo. (trad. port.) [s.l.]: Imprensa nacional-Casa da Moeda, 1994, v. 31.

EWBANK, Thomas. *Vida no Brasil ou Diário de uma visita à terra do cacaueiro e da palmeira - com um apêndice contendo ilustrações das artes sul-americanas antigas.* (trad.) Belo Horizonte/São Paulo: Itatiaia/EDUSP, 1976. FERRO, Marc. *Comment on renconte l'histoire aux enfants.* Paris: Éditions Payot, 1992.

FELDMAN-BIANDO, Bela & LEITE, Míriam L. Moreira. (Orgs.). *Desafios da imagem; fotografia, iconografia e vídeo nas Ciências Sociais.* Campinas: Papirus, 1998.

FONSECA, Thaís Nívia de Limas. "Ver para compreender": arte, livro didático e a história da nação. In: SIMAN, L. M. de C.; FONSECA, T. N. de L. e. (Orgs.). *Inaugurando a História e construindo a nação; discursos e imagens no ensino de História.* Belo Horizonte: Autêntica, 2001, p. 91-121.

FREYRE, Gilberto. *Casa Grande & Senzala; formação da família brasileira sob o regime da economia patriarcal.* 27 ed. Rio de Janeiro: Record, 1990.

FORGEARD, Laurence. *L'âge d'or de la Vierge et L'enfant; Le XIVe Seècle en Seine - et - Marne.* Paris: Èditions du Chêne, 1995.

GARCIA, Clara & MEDINA, Manuel Ramos. (Orgs.). *Ciudades mestizas: intercâmbios y continuidades en la expansión accidental. Siglos XVI a XIX. Actas del 3er. Congresso Internacional Mediadores Culturales.* México: Condumex, 2001.

GINZBURG, Carlo. *O queijo e os vermes; o cotidiano e as ideias de um moleiro perseguido pela Inquisição.* (trad.) São Paulo: Companhia das Letras, 1987.

GIBOULET, François & MENGELLE-BARILLEAU, Michèle. *La peinture.* Saint-Amand-Montrond: Nathan, 2001.

GRUZINSKI, Serge. *La guerra de las imágenes. De Cristóbal Colón a "Blade Runner" (1492-2019).* (trad.) México, D. F.: Fondo de Cultura Económica, 1999.

GRUZINSKI, Serge. *O pensamento mestiço.* (trad.) São Paulo: Companhia das Letras, 2001.

GUIMARÃES, Manuel L. Salgado. Nação e civilização nos trópicos: o Instituto Histórico e Geográfico Brasileiro e o projeto de uma história nacional. *Estudos Históricos.* Rio de Janeiro, n. 1, 1988, p. 5-27.

HASKELL, Francis. *L'historien et les images.* (trad.) Paris: Gallimard, 1995.

HELENA, Lúcia. *Modernismo brasileiro e vanguarda.* 2 ed. São Paulo: Ática, 1989.

IGLÉSIAS, Francisco. *Historiadores do Brasil; capítulos de historiografia brasileira.* Belo Horizonte/Rio de Janeiro: Ed. UFMG/ Nova Fronteira, 2000.

JOVCHELOVITCH, Sandra. Re(des)cobrindo o outro. In: ARRUDA, Angela. (Org.). *Representando a alteridade.* Petrópolis: Vozes, 1998, p. 69-82.

JOLY, Martine. *Introduction à l'analyse de l'image*. 2 ed. Saint-Germain-du-Puy: Nathan Université, 2001.

LIBBY, Douglas Cole; PAIVA, Eduardo França. *A escravidão no Brasil; relações sociais, acordos e conflitos*. São Paulo: Moderna, 2000.

LEITE, José Roberto Teixeira. *Pintores espanhóis no Brasil*. São Paulo: Espaço Cultural Sérgio Barcellos, 1996.

LIMA, Nísia Trindade. *Um sertão chamado Brasil; intelectuais e representação geográfica da identidade nacional*. Rio de Janeiro: Revan/IUPERJ/UCAM, 1999.

LOREIRO, Rui Manuel; GRUZINSKI, Serge. (coord.) *Passar as fronteiras. II Colóquio Internacional sobre Mediadores Culturais – Séculos XV a XVIII*. Lagos, Portugal: Centro de Estudos Gil Eanes, 1999.

MAIO, Marcos Chor. Tempo controverso – Gilberto Freyre e o Projeto da UNESCO. *Tempo Social Revista de Sociologia da USP*. São Paulo, n. 1 v. 11 p. 111-136, 1999.

MANGUEL, Alberto. *Lendo imagens; uma história de amor e ódio*. (Trad.). São Paulo: Companhia das Letras, 2001.

MARIN, Louis. *De la représentation*. Paris: Seuil/Gallimard, 1994.

MARIN, Louis. *Des pouvoirs de l'image*. Paris: Éditions du Seiul, 1993.

MARTINS S. J., Mário. *Introdução histórica à vidência do tempo e da morte*. Braga: Livraria Cruz, 1969, 2 v.

MARTIUS, Carl Friedrich Phillipp von. Como se deve escrever a história do Brasil. *Revista trimestral de História e Geografia ou Jornal do Instituto Histórico e Geográfico Brasileiro*, n. 24, 1845.

MELLO, Evaldo Cabral de. Uma Nova Lusitânia. In: MOTA, Carlos Guilherme. (Org.). *Viagem incompleta. A experiência brasileira (1500-2000). Formação: histórias*. São Paulo: Editora SENAC São Paulo, 2000.

MOTT, Luís. *Rosa Egipcíaca; uma santa africana no Brasil*. Rio de Janeiro: Bertrand Brasil, 1993.

OLIVEIRA, Maria Inês Cortes de. *O liberto: o seu mundo e os outros; Salvador, 1790/1890*. São Paulo: Corrupio/CNPq, 1988.

OLIVEIRA, Myriam Andrade Ribeiro de. *Passos da paixão – o Aleijadinho*. Belo Horizonte/São Paulo: Itatiaia/EdUSP, 1984.

PAIVA, Eduardo França. A viagem insólita de um cristão das Minas Gerais: um documento e um mergulho no imaginário colonial. *Revista Brasileira de História*. ANPUH/Ed. Contexto, São Paulo, n. 31 e 32, p. 353-363, 1996.

PAIVA, Eduardo França. De português a mestiço: o imaginário brasileiro sobre a colonização e sobre o Brasil. In: SIMAN, L. M. de C.; FONSECA, T. N. de L. e. (Orgs.) *Inaugurando a História e construindo a nação; discursos e imagens no ensino de História*. Belo Horizonte: Autêntica, 2001, p. 23-52 e SIMAN, Lana Mara de Castro.

PAIVA, Eduardo França. *Escravidão e universo cultural na Colônia; Minas Gerais, 1716-1789*. Belo Horizonte: Ed. UFMG, 2001.

PAIVA, Eduardo França. *Escravos e libertos nas Minas Gerais do século XVIII; estratégias de resistência através dos testamentos*. São Paulo: Annablume, 1995.

PAIVA, Eduardo França. *Por meu trabalho, serviço e indústria: histórias de africanos, crioulos e mestiços na Colônia – Minas Gerais, 1716-1789*. Tese de Doutorado apresentada à Universidade de São Paulo, 1999.

PAIVA, Eduardo França. Testamentos, universo cultural e a salvação das almas nas Minas Gerais do setecentos. *Revista do IFAC*. UFOP, Ouro Preto, n. 2, p. 84-91, 1995.

PAIVA, Eduardo França; ANASTASIA, Carla Maria Junho. (orgs.) *O Trabalho Mestiço: maneiras de pensar e formas de viver – séculos XVI a XIX*. São Paulo: Annablume, 2002.

PAIVA, Eduardo França; MENESES, José Newton Coelho; FONSECA, Thaís Nívia de Lima e. Por trilhas da história: viajantes e culturas no Brasil dos séculos XIX e XX. In: SOARES. Astréia (Org.). *Iniciação Científica 1999*. Belo Horizonte: Centro Universitário Newton Paiva, 2001, p. 60-90.

PRIORE, Mary Del. *Ao sul do corpo; condição feminina, maternidades e mentalidades no Brasil Colônia*. Rio de Janeiro/Brasília: José Olympio/Edunb, 1993.

PAIVA, Eduardo França (Org.). *História das mulheres no Brasil*. São Paulo: Contexto, 1997.

PROJETO História: Revista do Programa de Estudos Pós-Graduados em História e do Departamento de História da Pontifícia Universidade Católica de São Paulo. São Paulo, EDUC, n. 0, 1981.

QUEIJA, Berta Ares; GRUZINSKI, Serge. (Orgs.). *Entre dois mundos; fronteras culturales Y agentes mediadores.* Sevilla: Escuela de Estudios Hispano-Americanos de Sevilla, 1997.

QUINTERO-RIVERA, Mareia. *A cor e o som da nação; a ideia de mestiçagem na crítica musical do Caribe hispânico e do Brasil (1928-1948).* São Paulo: Annablume, 2000.

REIS, João José. *A morte é uma festa; ritos fúnebres e revolta popular no Brasil do século XIX.* São Paulo: Companhia das Letras, 1991.

REIS, José Carlos dos. *As identidades do Brasil de Varnhagen a FHC.* 2 ed. Rio de Janeiro: Editora FGV, 1999.

SAINT-HILAIRE, Auguste de. *Viagem pelo Distrito dos Diamantes e litoral do Brasil.* (trad.) Belo Horizonte/São Paulo: Itatiaia/EdUSP, 1974.

SANTA ROSA, Nereide Schilaro. *José Feraz de Almeida Júnior.* São Paulo: Moderna, 1999.

SCHWARCZ, Lilia Moritz. *O espetáculo das raças; cientistas, instituições e questão racial no Brasil, 1870-1930.* São Paulo: Companhia das Letras, 2001.

SILVA, Marilene Rosa Nogueira da. *Negro na rua: a nova face da escravidão.* São Paulo: Hucitec, 1988.

SIMAN, Lana Mara de Castro. Pintando o descobrimento: o ensino de História e o imaginário de adolescentes. In: SIMAN, L. M. de C.; FONSECA, T. N. de L. e. (Orgs.). *Inaugurando a História e construindo a nação; discursos e imagens no ensino de História.* Belo Horizonte: Autêntica, 2001, p. 149-170

SOUZA, Laura de Mello e. *O diabo e a Terra de Santa Cruz; feitiçaria e religiosidade popular no Brasil colonial.* São Paulo: Companhia das Letras, 1986.

TELES, Gilberto Mendonça. *Vanguarda europeia e modernismo brasileiro; apresentação dos principais poemas, manifestos, prefácios e conferências vanguardistas, de 1857 a 1972.* Petrópolis: Vozes, 1985.

TENENTI, Alberto. *Il senso della morte e l'amore della vita nel Rinascimento (Francia e Italia)*. Torino: Einaudi Editore, 1989.

TODOROV, Tzvetan. *Nós e os Outros; a reflexão francesa sobre a diversidade humana*. (Trad.) Rio de Janeiro: Jorge Zahar Ed., 1993, 2 v.

VAINFAS, Ronaldo. *Trópico dos pecados; moral, sexualidade e inquisição no Brasil*. Rio de Janeiro: Campus, 1989.

VOVELLE, Michel. *Imagens e imaginário na História; fantasmas e certezas nas mentalidades desde a Idade Média até o século XX*. (trad.) São Paulo: Ática, 1997.

VOVELLE, Michel. *La mort et l'occident de 1300 à nos jours*. Paris, Gallimard, 1983.

VOVELLE, Michel. *Mourir autrefois; attitudes collectives devant la mort aux XVIIe et XVIIIe siècles*. Paris: Gallimard/Julliard, 1974.

VOVELLE, Michel. *Piété baroque et déchristianisation en Provence au XVIIIe siècle*. Paris: Éditions du Seuil, 1978.

CRÈDITO DAS IMAGENS

Capítulo I
A iconografia na História – indagações preliminares

p. 21- Jacques-Louis DAVID. (Paris,1748-Bruxelas,1825) *Napoleão liberta os Alpes*, 1800 – Castelo de Charlottenbourg, Berlim.

p. 22- Victor MEIRELLES. (1832-1903) *Batalha dos Guararapes*, 1879 - Museu Nacional de Belas Artes, Rio de Janeiro.

p. 25- Guido RENI (Bolonha, 1575-Bolonha, 1642) – *O rapto de Helena*, c. 1626-1629 – Museu do Louvre, Paris.

p. 25- Paolo Caliar, dito VERONESE (Verona, 1528-Veneza, 1588) – *As bodas de Caná* (detalhe), 1562-1563 – Museu do Louvre, Paris.

p. 26- Jacob JORDAENS (Antuérpia, 1593 - Antuérpia, 1678) *A criança cobra*. KMSK, Antuérpia.

p. 28, 29- Fotos Carlos Alberto Pereira – Acervo do Laboratório e Arquivo de Memória Histórica – Centro Universitário Newton Paiva, Belo Horizonte. *Santuário Bom Jesus de Matozinhos*, Congonhas. Antônio Francisco Lisboa, Aleijadinho (Bom Sucesso, 1730 (?) - Vila Rica, 1814).

Capítulo II
Pela glória de Deus e de sua santa Igreja

p. 36- Pieter BRUEGHEL. *O Velho*. (Brabant, 1525/30-Bruxelas, 1569) O triunfo da morte (detalhe), 1562/63 - Museu do Prado, Madri.

p. 36- Derek Riggs. *Clip Rock*, n. 14. Ed. Scala, p. 16.

p. 38- Autoria desconhecida – *Juízo Final* – fachada principal da catedral de Notre Dame, Paris.

p. 38- Autoria desconhecida - *São Miguel Arcanjo*, século XIX – Museu de Arte Sacra da Boa Morte, Goiás.

p. 38- Santinho - *São Miguel Arcanjo*. Gráfica Santana Ltda, São Paulo.

p. 39- Autoria desconhecida - *A morte do justo*, meados do século XIX –Museu da Inconfidência, Ouro Preto.

p. 39- Autoria desconhecida - *A morte do pecador*, meados do século XIX –Museu da Inconfidência, Ouro Preto.

p. 39- Autoria desconhecida - *A morte do pecador*, meados do século XX – arte gráfica mexicana.

p. 40- Autoria desconhecida – escultura em mármore, túmulo no Cemitério do Bonfim, Belo Horizonte.

p. 40- Frida KAHLO (Coyacán, 1907-Cidade do México, 1954) – *O pequeno defunto Dimas Rosas, com três anos*, 1937 – Museu Dolores Olmedo Patiño, México.

p. 44- Autoria desconhecida proveniente de conventos extintos – *Inferno* (detalhe), pintura portuguesa séc. XVI – Museu Nacional de Arte Antiga, Lisboa.

p. 46- Autoria desconhecida – *Adão e Eva* – coluna da fachada principal da catedral de Notre Dame, Paris.

p. 46- MICHELANGELO Buonarroti (Caprese, 1475- Roma, 1564) – *Gênese* (detalhe), 1508-1512 – Capela Sixtina, Vaticano.

p. 48- Autoria desconhecida – *Nossa Senhora da Conceição* – São Paulo, século XVIII.

p. 48- Frei AGOSTINHO DE JESUS (1600/1610-1661) – *Nossa Senhora do Rosário* – São Paulo, século XVII.

p. 48- Antônio Francisco Lisboa, ALEIJADINHO (Bom Sucesso, 1730 (?)-Vila Rica, 1814) – *Nossa Senhora do Carmo* – Minas Gerais, c. 1750.

p. 49- Antônio Francisco Lisboa, ALEIJADINHO (Bom Sucesso,1730 (?)-Vila Rica,1814) – *Nossa Senhora das Dores* – Minas Gerais, século XVIII.

p. 49- Autoria desconhecida – *Virgem de Guadalupe* – México, século XVIII.

p. 49- Autoria desconhecida – *Nossa Senhora da Piedade* – Bahia, século XVIII.

p. 50- Autoria desconhecida – *Demônios* –fachada principal da catedral de Notre Dame, Paris.

p. 50- Autoria desconhecida proveniente de conventos extintos – *Inferno* (detalhe), pintura portuguesa séc. XVI – Museu Nacional de Arte Antiga, Lisboa.

p. 51- BARNABA DA MODENA (Modena, c. 1328 – conhecido em Gênova e Piza de 1361 a 1368), *A Virgem e o Menino*, c. 1370-1375 – Museu do Louvre, Paris.

p. 51- *Marianne*, França, sem data.

p. 51- *A República* – Praça da República, Paris – Monumento oferecido pela Prefeitura de Paris, 1883.

p. 51- *Liberdade coroando Tiradentes*, Minas Geraes, 1924.

Capítulo III
Cenas do Brasil – séculos XVIII, XIX e XX

p. 56- Carlos JULIÃO (Turim, 1740-?, 1811) – *Aquarelas*, c. 1776 – Fundação Biblioteca Nacional, Rio de Janeiro.

p. 57- Joaquim Cândido GUILOBEL – *Desenhos aquarelados*, c. 1814 – Coleção Paulo Fontainha Geyer, Rio de Janeiro.

p. 59- Carlos JULIÃO (Turim, 1740-?, 1811) – *Vestimentas de escravas pedintes na festa do Rosário*, c. 1776 – Fundação Biblioteca Nacional, Rio de Janeiro.

p. 60- Carlos JULIÃO (Turim, 1740-?, 1811) – *Mulher negra com ornamentos*, c. 1776 – Fundação Biblioteca Nacional, Rio de Janeiro.

p. 64- Johann Moritz RUGENDAS (Augsburg, 1802-Weilheim, 1859) – *Venda em Recife*, 1835.

p. 68- Modesto BROCOS Y GOMES (Santiago de Compostela, 1852 - Rio de Janeiro, 1936) – *A redenção de Can*, 1895 – Museu Nacional de Belas Artes, Rio de Janeiro.

p. 71- José Ferraz de ALMEIDA JÚNIOR (Itu, 1850 – Piracicaba, 1899) – *O derrubador brasileiro*, 1879 – Museu Nacional de Belas Artes, Rio de Janeiro.

p. 71- José Ferraz de ALMEIDA JÚNIOR (Itu, 1850 – Piracicaba, 1899) – *Caipira picando fumo*, 1893 – Pinacoteca do Estado de São Paulo, São Paulo.

p. 71- José Ferraz de ALMEIDA JÚNIOR (Itu, 1850 – Piracicaba, 1899) – *Pescando*, 1894 – Coleção particular.

p. 71- José Ferraz de ALMEIDA JÚNIOR (Itu, 1850 – Piracicaba, 1899) – *Amolação interrompida* – Pinacoteca do Estado de São Paulo, São Paulo.

p. 71- José Ferraz de ALMEIDA JÚNIOR (Itu, 1850 – Piracicaba, 1899) – *Cozinha Caipira*, 1895 – Pinacoteca do Estado de São Paulo, São Paulo.

p. 71- José Ferraz de ALMEIDA JÚNIOR (Itu, 1850 – Piracicaba, 1899) – *Apertando o lombilho*, 1895 – Pinacoteca do Estado de São Paulo, São Paulo.

p. 71- José Ferraz de ALMEIDA JÚNIOR (Itu, 1850 – Piracicaba, 1899)

– *Caipira pitando*, 1895 – Pinacoteca do Estado de São Paulo, São Paulo.

p. 71- José Ferraz de ALMEIDA JÚNIOR (Itu, 1850 – Piracicaba, 1899) – *Violeiro*, 1899 – Pinacoteca do Estado de São Paulo, São Paulo.

p. 74- BELMONTE – *Jeca Tatu*, 1919.

p. 76- Semana Ilustrada – D. *Negrinha e Moleque*, 1863 – Rio de Janeiro, n. 140.

p. 78- Heitor dos PRAZERES (Rio de Janeiro, 1898 – Rio de Janeiro, 1966) Sem título, 1946 – Bolsa de Artes do Rio de Janeiro.

p. 78- Euclásio Penna VENTURA (atrib.) – *Retrato de Aleijadinho*, séc. XIX – Museu Mineiro, Belo Horizonte.

p. 79- Antônio Francisco Lisboa, ALEIJADINHO (Bom Sucesso,1730 (?) - Vila Rica,1814) – *Rei Mago*, século XVIII – Museu da Inconfidência, Ouro Preto.

p. 79- Antônio Francisco Lisboa, ALEIJADINHO (Bom Sucesso,1730 (?)-Vila Rica, 1814) – *Fachada da igreja de São Francisco de Assis*, São João del Rei.

p. 80- NESTOR, 1929. *Nosso século – 1910-1930*. São Paulo: Abril Cultural, 1980, fascículo 46, p. 247.

p. 81-Anita MALFATTI (São Paulo, 1889 – São Paulo, 1964) – *A estudante*, 1915/1916 – Museu de Arte de São Paulo.

p. 81- José Ferraz de ALMEIDA JÚNIOR (Itu, 1850 – Piracicaba, 1899) – *A noiva*, 1886.

p. 82- TARSILA do Amaral (Capivari, 1886 – São Paulo,1973) – *A negra*, 1923 – Museu de Arte Contemporânea, USP, São Paulo.

p. 83- TARSILA do Amaral (Capivari, 1886 – São Paulo,1973) – *Abaporu*, 1928 – Museu de Arte Contemporânea, USP, São Paulo.

p. 83- TARSILA do Amaral (Capivari, 1886 – São Paulo,1973) – *O ovo (Urutu)*, 1928 – Museu de Arte Contemporânea, USP, São Paulo.

p. 83- TARSILA do Amaral (Capivari, 1886 – São Paulo,1973) – *Operários*, 1933 – Museu de Arte Contemporânea, USP, São Paulo.

p. 83- TARSILA do Amaral (Capivari, 1886 – São Paulo,1973) – *2ª Classe*, 1933 – Coleção Particular.

p. 86- Heitor dos PRAZERES (Rio de Janeiro, 1898 – Rio de Janeiro, 1966) – Sem título, 1945 – Bolsa de Artes do Rio de Janeiro.

p. 86- Lasar SEGALL (Vilna, 1891 – São Paulo, 1957) – *Baile de negros*, 1930 – Museu Lasar Segall, São Paulo.

p. 87- Alberto da Veiga GUIGNARD (Nova Friburgo, 1896 – Belo Horizonte, 1962) – *Os noivos*, 1937 – Museu Castro Maya, Rio de Janeiro.

p. 87- Alberto da Veiga GUIGNARD (Nova Friburgo, 1896 – Belo Horizonte, 1962) – *As gêmeas* (Léa e Maura), c. 1940 – Museu Nacional de Belas Artes, Rio de Janeiro.

p. 87- Alberto da Veiga GUIGNARD (Nova Friburgo, 1896 – Belo Horizonte, 1962) – *Paisagem imaginante*, 1947 – Museu Guignard, Ouro Preto.

p. 88- Emiliano Di CAVALCANTI (Rio de Janeiro, 1897 – Rio de Janeiro, 1976) – *Mulata*, sem data.

p. 88- Alfredo VOLPI (Lucca, 1896 - São Paulo, 1988) – sem título, sem data – 5ª Superintendência Regional do IPHAN.

Capítulo IV
Armadilhas iconográficas: duas imagens sedutoras

p. 93- Victor MEIRELLES (Nossa Senhora do Desterro, 1832 – Rio de Janeiro, 1903) *Primeira missa no Brasil*, 1860 – Museu Nacional de Belas Artes, Rio de Janeiro.

p. 98- Jean Baptiste DEBRET (Paris, 1768 – Paris, 1848) *Negra tatuada vendendo cajus*, 1827 – Museu Castro Maya, Rio de Janeiro.

OUTROS TÍTULOS DA COLEÇÃO
História &... Reflexões

História & Audiovisual
   Autor: Rafael Rosa Hagemeyer
História & Documento e metodologia de pesquisa
   Autoras: Eni de Mesquita Samara e Ismênia S. Silveira T. Tupy
História & Ensino de História
   Autora: Thais Nivia de Lima e Fonseca
História & Fotografia
   Autora: Maria Eliza Linhares Borges
História & Gênero
   Autora: Andréa Lisly Gonçalves
História & História Cultural
   Autora: Sandra Jatahy Pesavento
História & Livro e Leitura
   Autor: André Belo
História & Modernismo
   Autora: Monica Pimenta Velloso
História & Música
   Autor: Marcos Napolitano
História & Natureza
   Autora: Regina Horta Duarte
História & Religião
   Autor: Sérgio da Mata
História & Sociologia
   Autor: Flávio Saliba Cunha
História & Turismo Cultural
   Autor: José Newton Coelho Menezes
História, Região e Globalização
   Autor: Afonso de Alencastro Graça Filho

Este livro foi composto com tipografia Times New Roman e impresso
em papel Off Set 75 g/m² na Formato Artes Gráficas.